Utilize este código QR para se cadastrar de forma mais rápida:

Ou, se preferir, entre em:

www.moderna.com.br/ac/livroportal

e siga as instruções para ter acesso aos conteúdos exclusivos do Portal e Livro Digital

CÓDIGO DE ACESSO:

A 00376 BUPHIST1E 4 63345

Faça apenas um cadastro. Ele será válido para:

Da semente ao livro,
sustentabilidade por todo o caminho

Plantar florestas
A madeira que serve de matéria-prima para nosso papel vem de plantio renovável, ou seja, não é fruto de desmatamento. Essa prática gera milhares de empregos para agricultores e ajuda a recuperar áreas ambientais degradadas.

Fabricar papel e imprimir livros
Toda a cadeia produtiva do papel, desde a produção de celulose até a encadernação do livro, é certificada, cumprindo padrões internacionais de processamento sustentável e boas práticas ambientais.

Criar conteúdos
Os profissionais envolvidos na elaboração de nossas soluções educacionais buscam uma educação para a vida pautada por curadoria editorial, diversidade de olhares e responsabilidade socioambiental.

Construir projetos de vida
Oferecer uma solução educacional Moderna é um ato de comprometimento com o futuro das novas gerações, possibilitando uma relação de parceria entre escolas e famílias na missão de educar!

Taciro Comunicação, Alexandre Santana e Estúdio Pingado

Apoio:
www.twosides.org.br

Fotografe o Código QR e conheça melhor esse caminho.
Saiba mais em *moderna.com.br/sustentavel*

BURITI Plus HISTÓRIA 4

Organizadora: Editora Moderna
Obra coletiva concebida, desenvolvida e produzida pela Editora Moderna.

Editora Executiva:
Ana Claudia Fernandes

NOME: ....

....TURMA: ....

ESCOLA: ....

....

1ª edição

© Editora Moderna, 2018

Elaboração dos originais:

Denise Trevisan de Góes
Bacharel em Ciências Sociais pela Universidade de São Paulo. Bacharel em Comunicação Social pela Faculdade de Comunicação Social Cásper Líbero. Editora.

Lucimara Regina de Souza Vasconcelos
Bacharel e licenciada em História pela Universidade Federal do Paraná. Mestre em Teoria Literária pelo Centro Universitário Campos de Andrade. Editora.

Maiara Henrique Moreira
Bacharel e licenciada em História pela Universidade de São Paulo. Editora.

Raphael Fernandes
Bacharel em História pela Universidade de São Paulo. Editor.

Stella Maris Scatena Franco
Bacharel em História pela Universidade de São Paulo. Mestre em Ciências, no programa: História Social, pela Universidade de São Paulo. Doutora em Ciências, no programa: História Social, pela Universidade de São Paulo. Professora do Departamento de História da Universidade de São Paulo.

Thais Regina Videira
Bacharel e licenciada em História pela Universidade de São Paulo. Editora.

Coordenação editorial: Lucimara Regina de Souza Vasconcelos
Edição de texto: Lucimara Regina de Souza Vasconcelos, Maiara Henrique Moreira, Raphael Fernandes dos Santos
Assistência editorial: Raphael Fernandes dos Santos
Preparação de texto: Cintia Shukusawa Kanashiro
Gerência de *design* e produção gráfica: Everson de Paula
Coordenação de produção: Patricia Costa
Suporte administrativo editorial: Maria de Lourdes Rodrigues
Coordenação de *design* e projetos visuais: Marta Cerqueira Leite
Projeto gráfico: Daniel Messias, Daniela Sato, Mariza de Souza Porto
Capa: Daniel Messias, Mariza de Souza Porto, Otávio dos Santos
  Ilustração: Raul Aguiar
Coordenação de arte: Denis Torquato
Edição de arte: Ana Carlota Rigon
Editoração eletrônica: Ana Carlota Rigon
Edição de infografia: Luiz Iria, Priscilla Boffo
Ilustrações de vinhetas: Daniel Messias, Ana Carolina Orsolin
Coordenação de revisão: Elaine Cristina del Nero
Revisão: Ana Paula Felippe, Leandra Trindade, Nancy H. Dias, Renato Bacci
Coordenação de pesquisa iconográfica: Luciano Baneza Gabarron
Pesquisa iconográfica: Aline Chiarelli, Cristina Mota de Barros, Elena Ribeiro
Coordenação de *bureau*: Rubens M. Rodrigues
Tratamento de imagens: Fernando Bertolo, Joel Aparecido, Luiz Carlos Costa, Marina M. Buzzinaro
Pré-impressão: Alexandre Petreca, Everton L. de Oliveira, Marcio H. Kamoto, Vitória Sousa
Coordenação de produção industrial: Wendell Monteiro
Impressão e acabamento: HRosa Gráfica e Editora
Lote: 752868
Cod: 12113070

Dados Internacionais de Catalogação na Publicação (CIP)
(Câmara Brasileira do Livro, SP, Brasil)

Buriti plus história / organizadora Editora Moderna ; obra coletiva concebida, desenvolvida e produzida pela Editora Moderna – 1. ed. – São Paulo : Moderna, 2018. (Projeto Buriti)

Obra em 4 v. para alunos do 2º ao 5º ano.

1. História (Ensino fundamental) I.

18-17164 CDD-372.89

Índices para catálogo sistemático:
1. História : Ensino fundamental   372.89

Maria Alice Ferreira - Bibliotecária - CRB-8/7964

ISBN 978-85-16-11307-0 (LA)
ISBN 978-85-16-11308-7 (GR)

Reprodução proibida. Art. 184 do Código Penal e Lei 9.610 de 19 de fevereiro de 1998.
Todos os direitos reservados
EDITORA MODERNA LTDA.
Rua Padre Adelino, 758 - Belenzinho
São Paulo - SP - Brasil - CEP 03303-904
Vendas e Atendimento: Tel. (0_ _11) 2602-5510
Fax (0_ _11) 2790-1501
www.moderna.com.br
2022
Impresso no Brasil

1 3 5 7 9 10 8 6 4 2

Que tal começar o ano conhecendo seu livro?

Veja nas páginas 6 e 7 como ele está organizado.

Nas páginas 8 e 9, você fica sabendo os assuntos que vai estudar.

Neste ano, também vai conhecer e colocar em ação

algumas atitudes que ajudarão você a conviver melhor

com as pessoas e a solucionar problemas.

7 atitudes para a vida

Aproveite o que já sabe!
Use o que aprendeu até hoje para resolver uma questão.

Faça perguntas!
Não esconda suas dúvidas nem sua curiosidade. Pergunte sempre.

Tente outros caminhos!
Procure jeitos diferentes para resolver a questão.

Vá com calma!
Não tenha pressa. Pense bem antes de fazer alguma coisa.

Organize seus pensamentos antes de falar ou escrever!
Capriche na hora de explicar suas ideias.

Ouça as pessoas com respeito e atenção!
Reflita sobre o que está sendo dito.

Seja criativo!
Invente, use sua imaginação.

Na próxima página, há um jogo para você começar a praticar cada uma dessas atitudes. Divirta-se!

Concurso de aviação

Gabriel decidiu participar de um **concurso de aviões de papel** em sua escola. O vencedor ganharia uma passagem de avião de verdade, para qualquer lugar do Brasil. O evento era uma comemoração ao aniversário de Santos Dumont, um dos pioneiros da aviação no mundo.

Para isso, ele precisou colocar em prática as 7 atitudes para a vida.

Leia a história a seguir e identifique cada uma dessas atitudes.

Tente outros caminhos!
Ouça as pessoas com respeito e atenção!
Aproveite o que já sabe!
Organize seus pensamentos antes de falar ou escrever!

Faça perguntas!
Vá com calma!
Seja criativo!

Gabriel precisava criar um avião de papel, mas seu avião tinha que ter algo diferente para se destacar. Ele não sabia se era melhor usar uma folha de caderno ou algum tipo de papel especial. Gabriel resolveu fazer um lanche enquanto pensava no material que usaria.

Foi quando ele se lembrou de que havia aprendido a pesquisar na internet. Navegando por alguns sites, ele encontrou dicas interessantes. Pediu também a sua mãe para ajudá-lo a procurar instruções de como fazer aviões de papel.

Ele assistiu a vários vídeos com tutoriais de criação de aviões e pesquisou diversos modelos de aviãozinho. Mas ficou surpreso mesmo quando seu avô mostrou como se deve dobrar o papel para equilibrar o peso das asas e o avião voar melhor.

Gabriel foi até a papelaria mais próxima de sua casa, mas não encontrou o tipo de papel que procurava. Sua mãe, então, sugeriu que procurassem nas sobras de papel do ano anterior. Depois de abrir algumas caixas, ele e a mãe encontraram algumas folhas do papel ideal: não muito espesso e firme.

Depois de encontrar o papel, Gabriel ficou tão eufórico que acabou dobrando-o de maneira incorreta, diferente do que o avô havia ensinado, e desperdiçou uma folha. O avião foi lançado e caiu direto no chão. Depois disso, ele controlou a afobação, respirou fundo, acalmou-se e decidiu tentar novamente, seguindo todas as dicas do avô.

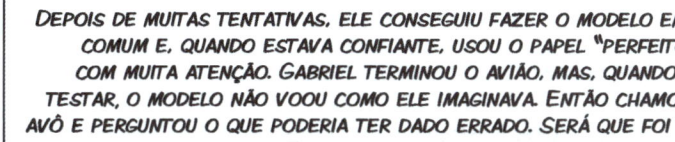

Depois de muitas tentativas, Gabriel percebeu que estava gastando todo o papel encontrado. Desse jeito, logo não teria mais! Ele decidiu primeiro fazer o avião em um papel comum, treinar bastante, para então usar o papel "perfeito".

Depois de muitas tentativas, ele conseguiu fazer o modelo em papel comum e, quando estava confiante, usou o papel "perfeito", com muita atenção. Gabriel terminou o avião, mas, quando foi testar, o modelo não voou como ele imaginava. Então chamou seu avô e perguntou o que poderia ter dado errado. Será que foi o bico? Será que foi a asa?

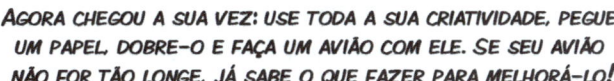

O avô lembrou do equilíbrio, Gabriel então mediu as asas e percebeu que uma estava um pouquinho mais longa que a outra, por isso o avião pendia para um dos lados. Ele refez a dobra e, para alegria dele e do avô, venceu o concurso. As boas atitudes fazem a diferença!

Agora chegou a sua vez: use toda a sua criatividade, pegue um papel, dobre-o e faça um avião com ele. Se seu avião não for tão longe, já sabe o que fazer para melhorá-lo!

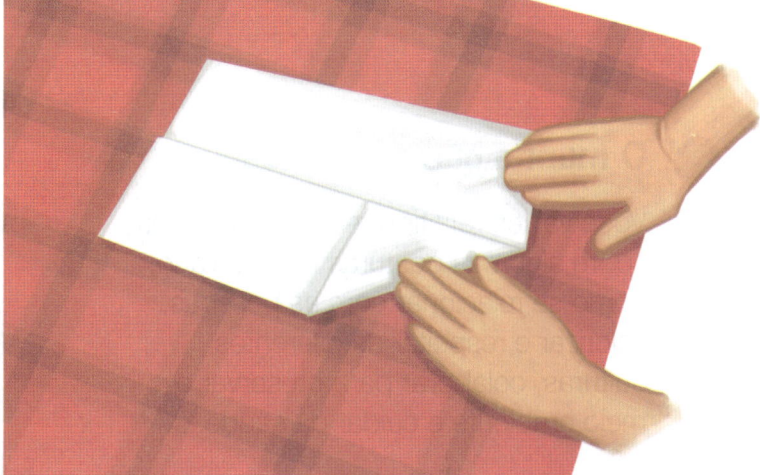

Conheça seu livro

Seu livro está organizado em 4 unidades.
Veja o que você vai encontrar nele.

Abertura da unidade

Nas páginas de abertura, você vai explorar imagens e perceber que já sabe muitas coisas.

Capítulos e atividades

Você aprenderá muitas coisas novas estudando os capítulos e resolvendo as atividades.

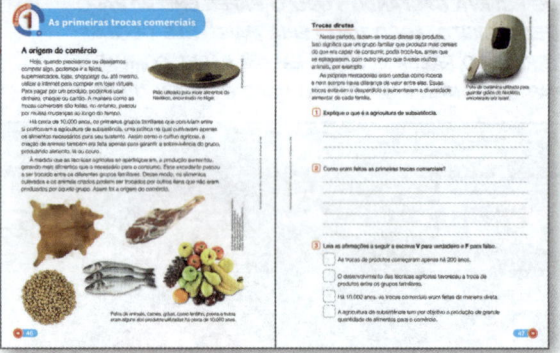

Para ler e escrever melhor

Você vai ler um texto e perceber como ele está organizado. Depois, vai escrever um texto com a mesma organização. Assim, você aprenderá a ler e a escrever melhor.

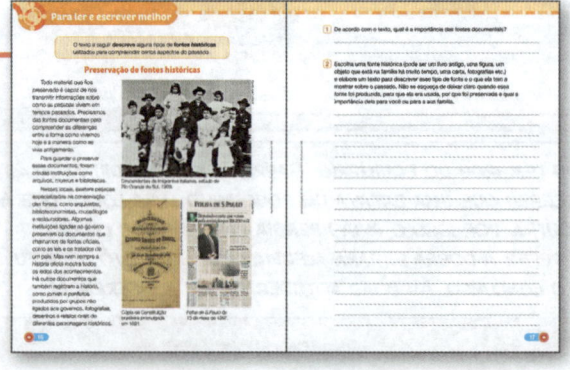

O mundo que queremos

Você vai ler, refletir e realizar atividades sobre algumas posturas no cotidiano, como se relacionar com as pessoas, valorizar e respeitar as diferentes culturas, colaborar para preservar o meio ambiente e cuidar da saúde.

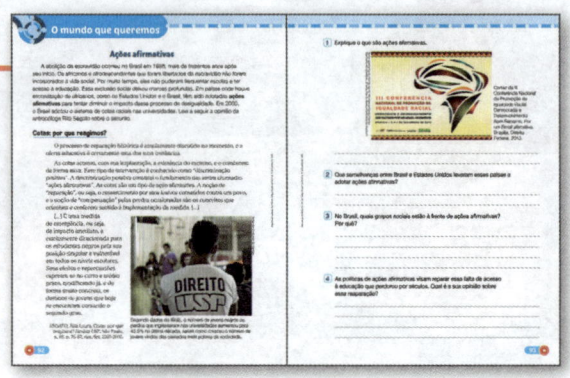

Como as pessoas faziam para...

Você vai descobrir alguns aspectos do dia a dia das pessoas no passado e perceber o que mudou e o que permaneceu até os dias atuais.

O que você aprendeu

Nestas páginas, você vai encontrar mais atividades para rever o que estudou na unidade e aplicar seus conhecimentos em várias situações.

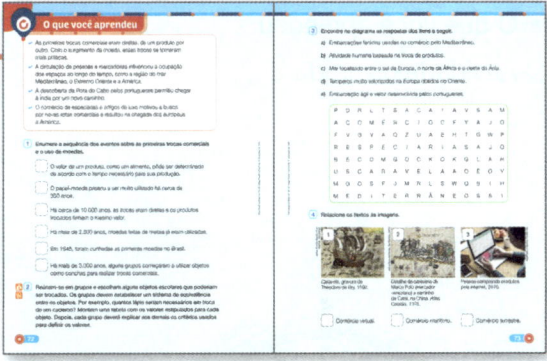

Atividade divertida

Nesta seção, você vai se divertir enquanto recorda alguns conteúdos.

Ícones utilizados

Ícones que indicam como realizar algumas atividades:

Atividade oral	Atividade em dupla	Atividade em grupo	Atividade no caderno	Desenho ou pintura	Recortar e colar	Uso de tecnologias

Ícone que indica as 7 atitudes para a vida:

Ícone que indica os objetos digitais:

Sumário

UNIDADE 1 — A história dos primeiros grupos humanos ... 10

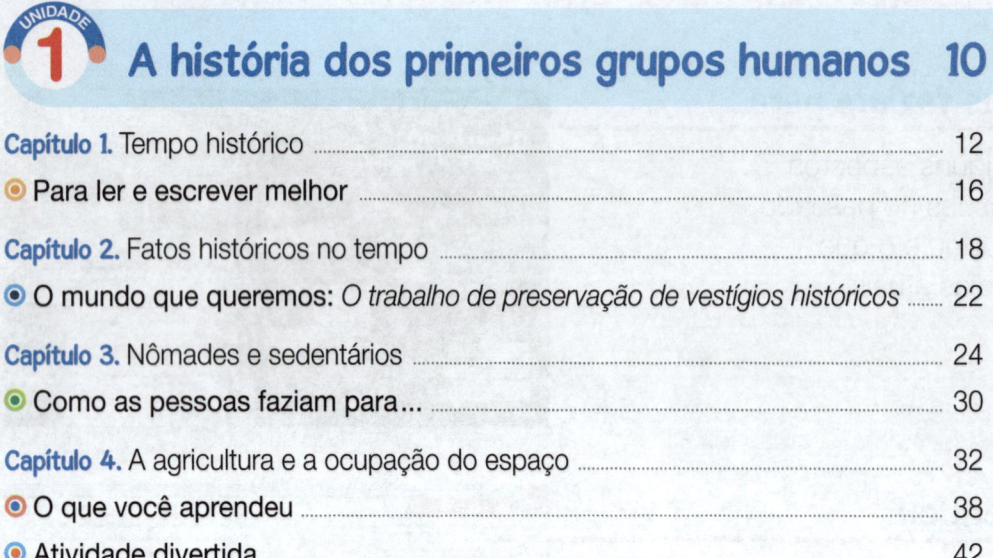

Capítulo 1. Tempo histórico ... 12
- Para ler e escrever melhor ... 16

Capítulo 2. Fatos históricos no tempo ... 18
- O mundo que queremos: *O trabalho de preservação de vestígios históricos* ... 22

Capítulo 3. Nômades e sedentários ... 24
- Como as pessoas faziam para... ... 30

Capítulo 4. A agricultura e a ocupação do espaço ... 32
- O que você aprendeu ... 38
- Atividade divertida ... 42

UNIDADE 2 — O início do comércio ... 44

Capítulo 1. As primeiras trocas comerciais ... 46
- Para ler e escrever melhor ... 52

Capítulo 2. Comércio e ocupação do espaço ... 54
- O mundo que queremos: *Economia solidária: moeda social e bancos comunitários* ... 58

Capítulo 3. A expansão do comércio e das rotas ... 60
- Como as pessoas faziam para... ... 64

Capítulo 4. As grandes navegações ... 66
- O que você aprendeu ... 72
- Atividade divertida ... 76

UNIDADE 3 — A formação do Brasil 78

- **Capítulo 1.** Os povos indígenas 80
- Para ler e escrever melhor 86
- **Capítulo 2.** A diáspora africana 88
- O mundo que queremos: *Ações afirmativas* 92
- **Capítulo 3.** Europeus 94
- Como as pessoas faziam para... 98
- **Capítulo 4.** A população brasileira 100
- O que você aprendeu 106
- Atividade divertida 110

UNIDADE 4 — Migrações no Brasil 112

- **Capítulo 1.** Imigração no Brasil 114
- Para ler e escrever melhor 118
- **Capítulo 2.** Diversidade de povos e costumes 120
- O mundo que queremos: *Dignidade para migrantes e refugiados* 124
- **Capítulo 3.** Migrações internas no Brasil 126
- Como as pessoas faziam para... 130
- **Capítulo 4.** Um pouco da cultura brasileira 132
- O que você aprendeu 138
- Atividade divertida 142

Vamos conversar

1. Observe a sequência de imagens. As atividades desenvolvidas pelos seres humanos e seus ancestrais para sobreviver mudaram ao longo do tempo?
2. Como você chegou a essa conclusão?
3. Como é possível obter essas informações sobre o passado dos seres humanos e de seus ancestrais?

Foram encontradas pinturas feitas pelos seres humanos há mais de 40 mil anos em paredes rochosas e em cavernas.

Há cerca de 150 mil anos, grupos humanos viviam da caça, da pesca e da coleta de frutos, por isso dificilmente se fixavam em um lugar.

Há cerca de 17 mil anos, os humanos passaram a plantar e a cultivar alguns vegetais.

Os primeiros registros escritos conhecidos datam de 4 mil anos atrás.

Capítulo 1 — Tempo histórico

Estudar o passado é importante, pois nos ajuda a entender como viviam as pessoas que existiram antes de nós e a perceber quais costumes e práticas mudaram e quais permaneceram. Isso quer dizer que é possível refletir sobre a história com base nas **mudanças** e **permanências** que identificamos na sociedade.

Todos nós pensamos sobre a nossa história ou sobre a história de um lugar ou objeto, mas são os historiadores que se dedicam profissionalmente a entender os acontecimentos ocorridos ao longo de determinado período.

Esse período histórico pode ter diferentes durações.

- Há **fatos** ou **acontecimentos** que ocorrem em um curto período, como o tempo de duração do Ensino Fundamental, ou seja, apenas nove anos.
- Há mudanças que podem ser percebidas depois da passagem de dezenas ou centenas de anos.
- Há transformações que demoram milhares de anos para acontecer, cujo processo é longo, como o desenvolvimento da agricultura e as mudanças nas paisagens.

Duração do Ensino Fundamental: 9 anos.

As mudanças ocorridas na paisagem de uma grande cidade como o Rio de Janeiro: 135 anos.

1. Ligue as palavras que possuem significado semelhante.

Continuidade   Mudança

Fato   Duração

Transformação   Permanência

Tempo   Acontecimento

2. Observe as imagens e as legendas. Depois, escreva nas linhas a seguir se os eventos descritos demoraram muito ou pouco tempo para acontecer. Justique suas respostas.

Desembarque de Pedro Álvares Cabral em Porto Seguro, em 1500, de Oscar Pereira da Silva, óleo sobre tela, 1922.

A cidade de Brasília começou a ser construída em 1956 e foi inaugurada em 1960.

_____
_____
_____
_____
_____

Fontes históricas

Você já sabe que a História é a ciência que estuda o passado. Mas como os historiadores descobrem o que ocorreu há centenas ou milhares de anos? Tudo o que os seres humanos já produziram são vestígios que levam o historiador a tentar compreender o passado.

Todas as marcas deixadas pelos seres humanos são chamadas de fontes históricas, que são o principal material de investigação para os historiadores.

Por meio da análise dessas marcas, o historiador pode descobrir como as sociedades se organizavam, quais eram seus hábitos alimentares, os costumes religiosos, as formas de se divertir e as maneiras de se vestir. O estudo e a comparação das fontes também ajudam a entender as transformações que ocorreram na escrita, na arte ou na maneira de produzir bens. As fontes históricas podem ser classificadas em:

- **Fontes materiais**: referem-se aos objetos produzidos por uma sociedade, como pedras talhadas, utensílios domésticos, brinquedos, documentos escritos, construções etc.

- **Fontes imateriais**: são fontes que não têm um suporte físico, mas fazem parte da memória das pessoas e podem ser transmitidas de geração em geração, como músicas, lendas, tradições, costumes etc.

Réplica de um calendário produzido pelos astecas, povo que viveu entre os anos 1300 e 1600 na região onde hoje se localiza o México.

Grupo folclórico apresentando-se no município de São Paulo, estado de São Paulo, 2016.

Os vários **tipos de fonte histórica** são utilizados pelos historiadores para entender melhor as sociedades estudadas.

- **Fontes escritas**: são documentos escritos, como cartas, livros, certidões de nascimento, diários, escrituras, relatos de viagens etc.

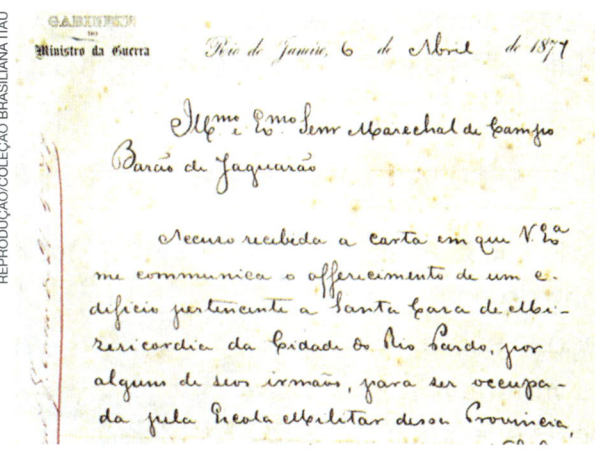

Cópia de carta escrita pelo Duque de Caxias. Rio de Janeiro, 6 de abril de 1877.

- **Fontes visuais**: são imagens e representações produzidas por uma sociedade, como pinturas rupestres, obras de arte, filmes, fotografias etc.

Pintura rupestre feita há mais de 20.000 anos, município de São Raimundo Nonato, estado do Piauí, 2015.

- **Fontes orais**: são as produções sonoras, como músicas, cantigas, lendas, discos, entrevistas gravadas, depoimentos de pessoas etc.

Griô (contador de histórias) segurando uma *Korá* (instrumento musical), Senegal, África, 1940.

3 Explique o que são fontes históricas e por que elas são importantes para o historiador.

Para ler e escrever melhor

> O texto a seguir **descreve** alguns tipos de **fontes históricas** utilizados para compreender certos aspectos do passado.

Preservação de fontes históricas

Todo material que fica preservado é capaz de nos transmitir informações sobre como as pessoas viviam em tempos passados. Precisamos das fontes documentais para compreender as diferenças entre a forma como vivemos hoje e a maneira como se vivia antigamente.

Para guardar e preservar esses documentos, foram criadas instituições como arquivos, museus e bibliotecas.

Nesses locais, existem pessoas especializadas na conservação das fontes, como arquivistas, biblioteconomistas, museólogos e restauradores. Algumas instituições ligadas ao governo preservam os documentos que chamamos de fontes oficiais, como as leis e os tratados de um país. Mas nem sempre a história oficial mostra todos os lados dos acontecimentos. Há outros documentos que também registram a história, como jornais e panfletos produzidos por grupos não ligados aos governos, fotografias, desenhos e relatos orais de diferentes personagens históricos.

Descendentes de imigrantes italianos, estado do Rio Grande do Sul, 1909.

Cópia da Constituição brasileira promulgada em 1891.

Folha de S.Paulo de 13 de maio de 1997.

1 De acordo com o texto, qual é a importância das fontes documentais?

_____
_____

2 Escolha uma fonte histórica (pode ser um livro antigo, uma figura, um objeto que está na família há muito tempo, uma carta, fotografias etc.) e elabore um texto para descrever esse tipo de fonte e o que ela tem a mostrar sobre o passado. Não se esqueça de deixar claro quando essa fonte foi produzida, para que ela era usada, por que foi preservada e qual a importância dela para você ou para a sua família.

CAPÍTULO 2 — Fatos históricos no tempo

Os povos geralmente estabelecem um ponto de partida ou um marco para contar a sua história e situar cronologicamente os fatos históricos. Em nossos estudos de História, por exemplo, contamos o tempo a partir do nascimento de Cristo. Os anos e os séculos anteriores a seu nascimento são escritos com a.C. (antes de Cristo) depois da data. As datas que vieram após seu nascimento não precisam ser escritas com as letras d.C. (depois de Cristo); basta escrever o ano.

Além desse marco, em muitas datas históricas, utilizam-se algarismos romanos, como no caso de registrar os séculos. Como não existe o ano zero, do ano 1 ao ano 100, denomina-se século I. Do ano 101 ao ano 200, designa-se século II, e assim por diante. Os exemplos são de fatos muito divulgados e dos quais a maioria das pessoas já ouviu falar. Observe no alto das caixas de texto a data dos acontecimentos e, em seguida, a que século essa data se refere.

47 a.C.
Júlio César, imperador romano, invadiu e conquistou o Egito no **século I a.C.**

793
No **século VIII**, os *vikings* lideraram o primeiro ataque ao litoral da Inglaterra. Eles usaram barcos resistentes e velozes.

1350
No **século XIV**, ocorreu na Europa a epidemia da peste negra ou bubônica. Uma em cada três pessoas morreu por causa dessa doença.

1500
No **século XV**, os portugueses chegaram às terras que mais tarde seriam chamadas de Brasil.

1822
No **século XIX**, D. Pedro I proclamou a independência do Brasil, que deixou de ser uma colônia de Portugal.

1939-1945
A Segunda Guerra Mundial, ocorrida na primeira metade do **século XX**, foi o conflito mais violento da história da humanidade e durou cerca de seis anos.

Linha do tempo

A linha do tempo é uma forma de organizar os acontecimentos. A função dela é mostrar como os fatos se situam no decorrer do tempo, ou seja, localizar um determinado evento, estabelecido como marco temporal e apontar o que aconteceu antes e depois desse fato.

1 Leia o texto sobre um período da vida de Tiago e preencha a linha do tempo de acordo com a ordem dos acontecimentos descritos.

Em 2016, no 3º ano, Tiago mudou-se para a cidade de Sobral e foi para uma escola azul. Tudo era muito diferente da escola amarela em que começara os estudos em Fortaleza, no 1º ano, há 2 anos. Quando estava no 2º ano, havia outra novidade em sua vida: seu irmão, Mateus, havia nascido.

Um ano depois da mudança, Tiago já se havia habituado à nova escola e até ganhou uma medalha no atletismo. Um ano depois de ganhar a primeira medalha, Tiago foi representar sua escola em uma competição e ganhou um troféu de campeão em salto em distância.

2 Escreva os anos em números romanos, de acordo com os exemplos.

Ano	Século
85	I
215	III
430	
650	
120	
345	
537	

Ano	Século
742	
973	
867	
1075	
1503	
1822	
1789	

Ano	Século
1492	
1139	
1264	
1685	
1348	
2019	
1968	

Períodos históricos

Você sabia que o estudo da História também utiliza uma grande linha do tempo?

Há mais de 200 anos, historiadores elegeram marcos temporais que julgavam ser os eventos mais importantes da História. Um problema desse tipo de periodização ou dessa divisão temporal é que ela não contempla o processo histórico que levou àquele acontecimento, nem os diversos personagens envolvidos naquele processo.

Essa divisão ainda é bastante utilizada e você encontrará referências a ela em livros, filmes, revistas, jogos, entre outros. Saiba um pouco mais sobre essa linha do tempo.

Vida em uma caverna na Pré-História, litografia colorizada de O. Hauser sobre desenho de Carl Arriens, anos 1800.

Pré-história (do surgimento da humanidade até cerca de 6.000 anos atrás): foi denominada assim porque os historiadores entendiam que apenas os vestígios escritos traziam informações confiáveis sobre nossos antepassados. O termo ainda é usado, mas os historiadores sabem que todos os vestígios humanos são registros históricos, não apenas os escritos.

Detalhe de entalhe da lápide de um casal egípcio de cerca de 4.000 anos.

Idade Antiga (de cerca de 6.000 anos atrás até o ano 476): o período compreende desde os primeiros registros escritos até o fim do Império Romano.

Idade Média (de 476 a 1453): período assim denominado porque os historiadores compreendiam que se tratava de uma época intermediária entre o domínio das grandes civilizações antigas (como a egípcia, a grega e a romana) e a época do chamado renascimento artístico-cultural e de avanços tecnológicos.

Representação de uma propriedade da Idade Média. Iluminura produzida pelos irmãos Limbourg no início dos anos 1600.

Idade Moderna (de 1453 até 1789): período das grandes navegações e do incremento do comércio marítimo a longas distâncias. O fim dessa época é marcado pela Revolução Francesa e pelo enfraquecimento das monarquias europeias.

Detalhe de *Padre Antonio Vieira convertendo índios no Brasil*, onde residiu entre 1619 e 1641. Ilustração colorida de C. Legrand produzida em 1841.

Idade contemporânea (de 1789 até os dias atuais): período caracterizado por grande desenvolvimento científico, pela industrialização e por disputas entre grandes potências, o que gerou duas grandes guerras.

Interior de fábrica de fios de algodão com crianças e adultos trabalhando, em 1911.

Você sabia?

As marcações dos períodos históricos foram determinadas pelos historiadores nos anos 1800, ou seja, não foram as pessoas que viveram os eventos históricos que estabeleceram essa periodização. Não existe uma divisão exata, como em um calendário. Essa divisão marcada por alguns eventos é, portanto, uma **convenção**, isto é, não é algo natural, mas o que historiadores de determinada época demarcaram para separar um período do outro.

3 Observe as figuras a seguir. Elas são fontes históricas, isto é, vestígios e documentos por meio dos quais é possível estudar os diferentes períodos da História. Associe as fontes à época histórica que elas representam.

| **1** Pré-História | **2** Idade Antiga | **3** Idade Média |
| **4** Idade Moderna | **5** Idade Contemporânea | |

Iluminura representando uma cozinha. Produzida por Giovannino De Grassi, em 1400.

Pontas de lanças de pedra lascada com cerca de 12.000 anos encontradas no Novo México, Estados Unidos.

Réplica de máscara mortuária do faraó egípcio Tutancâmon, que viveu há cerca de 3.300 anos.

Representação do encontro entre Cristóvão Colombo e indígenas americanos, ocorrido em 1592. Litografia produzida por D. K. Bonatti, em 1827.

Operário em fábrica de motocicletas, na Itália, 1950.

O mundo que queremos

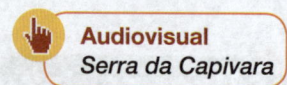

O trabalho de preservação dos vestígios históricos

O texto a seguir foi escrito pela arqueóloga Nièd Guidon, pesquisadora responsável pela criação do Museu do Homem Americano, no Parque Nacional Serra da Capivara, no município de São Raimundo Nonato, estado do Piauí. Lá existem muitas representações de arte rupestre feitas por aqueles que habitaram a região há milhares de anos. Nesse local, a arqueóloga e sua equipe conduzem um projeto de proteção e preservação das centenas de pinturas rupestres e vestígios cerâmicos, objetos de pedra lascada e polida e ossos.

Em junho de 1979, era criado o Parque Nacional Serra da Capivara. [...]

Sobre as paredes dos abrigos do Parque Nacional, existe uma densa quantidade de pinturas rupestres realizadas durante milênios. As representações animais são muito diversificadas, sendo possível reconhecer espécies inexistentes hoje na região e outras totalmente extintas, como camelídeos e preguiças-gigantes. Existem também reproduções de capivaras, veados-galheiros, caranguejos, jacarés e certas espécies de peixes hoje desaparecidas na área, extremamente árida para poder abrigá-las. [...]

De uma região verde, opulenta, habitada por um povo feliz e rico porque não passava fome e tinha tempo para criar uma civilização que nada deve a similares de todo o mundo, passamos a ser uma área em vias de desertificação, com a fauna e a flora exauridas [...].

GUIDON, Nièd. Arqueologia da região do Parque Nacional Serra da Capivara – Sudeste do Piauí. Revista *ComCiência*, 2003. Disponível em: <http://mod.lk/serracap>. Acesso em: 21 jun. 2018.

Vista de formação rochosa do Parque Nacional Serra da Capivara, estado do Piauí, 2016.

1. Responda às questões de acordo com o texto.

   a) Onde fica situado o Parque Nacional Serra da Capivara?
   _____

   b) Que tipos de vestígio foram encontrados no parque?
   _____
   _____

2. Reúna-se com 2 ou 3 colegas e conversem sobre a importância da manutenção e da preservação das pinturas rupestres no Parque Nacional Serra da Capivara. Registre a seguir as principais ideias discutidas pelo grupo.
   _____
   _____
   _____

3. Observe a imagem e responda à questão.

Detalhe de pintura rupestre no Boqueirão da Pedra Furada, desenho símbolo do parque. Parque Nacional Serra da Capivara, 2015.

- Descreva as figuras registradas na parede da caverna. O que elas podem contar sobre o cotidiano dos ancestrais humanos?
   _____
   _____
   _____

Capítulo 3 — Nômades e sedentários

Os seres humanos pertencem à mesma espécie, chamada *Homo sapiens*. São ancestrais dessa espécie o *Homo erectus* e o *Homo habilis*, que povoaram a Terra partindo da região central do continente africano.

Os primeiros grupos humanos não habitavam apenas um local; eles mudavam constantemente e eram, portanto, **nômades**, caçadores e coletores. Eles não tinham habitação fixa e viviam permanentemente mudando de lugar. Mulheres, homens e crianças estavam em constante movimento, à procura de alimentos, como frutas, raízes e pequenos animais.

Paleolítico (paleo = antigo; lítico = pedra)

Esse período foi chamado assim porque os antepassados dos seres humanos passaram a produzir instrumentos feitos de pedra lascada. Por isso, esse período também pode ser conhecido como Idade da Pedra Lascada. Começou há cerca de 2 milhões de anos e estendeu-se até aproximadamente 12 mil anos atrás. Contudo, é preciso considerar que nesse período nem todos os grupos humanos, em todos os locais, viviam da mesma maneira.

Nessa época, também houve o domínio do fogo, importante para aquecer o ambiente, assar alimentos e afugentar animais. As cavernas eram usadas como abrigo por esses grupos e, nas paredes de algumas delas, foram encontradas pinturas retratando o cotidiano dessas pessoas.

Molde de crânio fossilizado de um menino da espécie *Homo erectus*, datado de aproximadamente 1,6 milhão de anos e descoberto no Quênia, África, em 1984.

Seres humanos em uma caverna, de Wilhelm Kranz, 1853. Observando a natureza, os seres humanos perceberam que materiais secos, como galhos e folhas, pegavam fogo facilmente ao serem atingidos por raios ou brasas de vulcão.

1 O que foi o Paleolítico?

_____
_____
_____
_____

2 Numere a segunda coluna de acordo com a primeira.

1. Aqueles que não têm habitações fixas.

2. Locais usados como abrigo no Paleolítico.

3. Representações das cenas cotidianas nas paredes das cavernas.

☐ Cavernas.

☐ Pinturas rupestres.

☐ Nômades.

3 Observe a imagem a seguir e descreva a cena. O que você acha que significa a marca de mãos humanas?

Pinturas rupestres do período Paleolítico, de cerca de 25.000 anos, caverna de Pech-Merle, França, 2018.

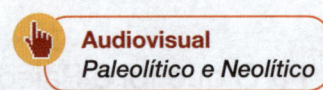

Neolítico (neo = novo; lítico = pedra)

Há cerca de 12 mil anos, alguns grupos humanos começaram a fabricar instrumentos mais sofisticados, com pedras polidas, e a permanecer em lugares onde havia facilidade de obter água e, consequentemente, mais alimentos.

Nesse período, esses grupos passaram a caçar e a coletar frutos apenas em regiões próximas de onde tinham se fixado. Eles foram, aos poucos, tornando-se **sedentários**, ou seja, permaneciam em um mesmo lugar.

Os rios foram muito importantes nesse processo não só por causa da pesca, mas também porque grupos de animais iam beber água e facilitavam a caça. As margens desses rios também ficavam úmidas e férteis após as chuvas e as cheias. Dessa maneira, era possível plantar e colher, tornando habitáveis as áreas próximas dos terrenos cultivados. Todos esses fatores juntos, ao longo de centenas de anos, ajudaram no **processo de sedentarização** de muitos grupos humanos, ou seja, no processo de fixação a determinados locais.

Mas essa mudança não aconteceu ao mesmo tempo em todas as regiões do planeta. Muitos grupos humanos começaram a cultivar a terra muitos anos depois; outros, mesmo plantando alguns produtos, mantiveram a caça e a pesca como atividades centrais.

A região do Crescente Fértil é onde estão os rios Tigre, Eufrates e Nilo. Ela é chamada assim por causa da fertilidade do solo e também porque forma uma imagem que lembra uma Lua crescente vista do hemisfério norte da Terra.

Fonte: VIDAL-NAQUET, Pierre; BERTIN, Jacques. *Atlas histórico*: da Pré-História aos nossos dias. Lisboa: Círculo de Leitores, 1990. p. 39.

4 Complete as frases de acordo com a legenda.

> Paleolítico   Neolítico

a) Durante um longo período, chamado de _____, a maioria dos grupos humanos manteve a forma de vida nômade.

b) Durante o _____, os grupos humanos começaram a fabricar instrumentos mais sofisticados, com pedras polidas.

c) O _____ também é conhecido como Idade da Pedra Lascada por causa das ferramentas feitas de pedra.

d) No _____, os grupos humanos começaram a domesticar animais e a praticar a agricultura.

5 Por que muitos grupos humanos fixavam suas moradias próximo de grandes rios?

_____
_____
_____
_____

6 Por que a região era chamada de Crescente Fértil?

_____
_____
_____

7 Assinale a alternativa que apresenta o nome dos principais rios do Crescente Fértil.

☐ Nilo, Amazonas, Tigre.

☐ Nilo, Eufrates, Tigre.

☐ Nilo, Tigre, Amazonas.

☐ Nilo, Eufrates, Amazonas.

Teorias sobre o povoamento do continente americano

Quando falamos do início da história do Brasil, é comum pensarmos no encontro entre os povos indígenas e os europeus ocorrido em 1500. Mas a história do Brasil não começou apenas depois da chegada dos portugueses. O território que depois seria chamado de Brasil começou a ser ocupado por grupos humanos há, pelo menos, 20 mil anos.

Até o momento, não há consenso entre os cientistas sobre as rotas utilizadas pelos grupos humanos para que estes alcançassem o continente americano. Sabe-se apenas que o processo migratório e de ocupação do continente americano demorou milhares de anos para acontecer. Contudo, com base em vestígios históricos, há duas importantes teorias sobre as migrações de grupos humanos que teriam partido da África para a Ásia e para a Oceania e, desses continentes, para a América.

A primeira teoria supõe que a travessia teria ocorrido na região do estreito de Bering, entre a Sibéria, na atual Rússia, e o Alasca, nos Estados Unidos. De lá, eles poderiam ter vindo para a América do Sul por terra, a pé, ou navegando muito próximo da costa em rudimentares e frágeis barcos.

Mas como conseguiram atravessar o Oceano Glacial Ártico? Cientistas afirmam que há mais de 20 mil anos houve a formação de geleiras sobre os oceanos, formando um tipo de "ponte de gelo", o que facilitou a ligação entre as extremidades dos continentes americano e asiático no hemisfério norte da Terra.

A segunda teoria diz que muitos grupos, em diferentes épocas, saíram da África em direção ao leste, alcançaram o sul da Ásia e a Oceania e, desses locais, navegaram em direção ao continente americano.

Mas como conseguiram navegar se não possuíam embarcações resistentes para longas distâncias? Existe outra ideia que supõe uma baixa nas águas ao sul do Oceano Pacífico, fazendo surgir ilhas, o que permitiria, ao longo de muito anos, a travessia de uma ilha para outra, até alcançarem o sul do continente americano.

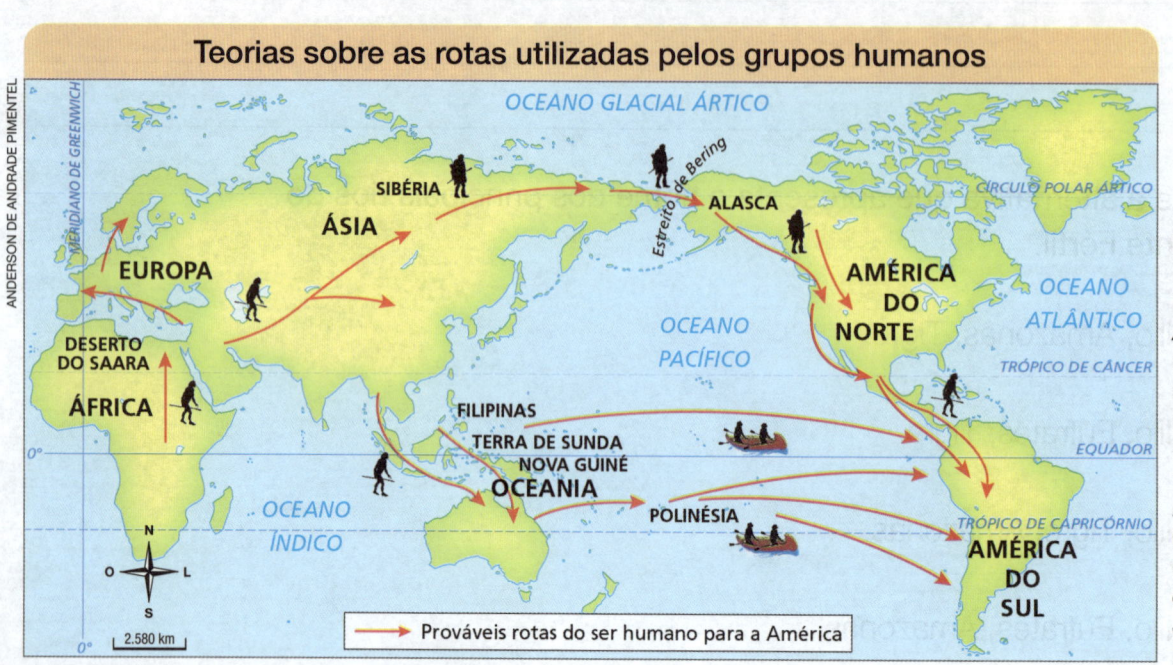

Fontes: VIDAL-NAQUET, Pierre; BERTIN, Jacques. *Atlas histórico*: da Pré-História aos nossos dias. Lisboa: Círculo de Leitores, 1987. p. 18; ALBUQUERQUE, Manuel Maurício de. *Atlas histórico escolar*. Rio de Janeiro: FAE, 1991. p. 50.

Os vestígios do povoamento do Brasil

No Brasil, há vários sítios arqueológicos que nos ajudam a conhecer melhor nosso passado. Um deles é o Parque Nacional Serra da Capivara, em São Raimundo Nonato, no Piauí, que você conheceu nas páginas 22 e 23. Lá foram encontrados pinturas rupestres, restos de fogueiras, artefatos de pedra e dentes humanos que têm entre 20 mil e 50 mil anos.

> **Sítio arqueológico:** local onde são encontrados os vestígios dos grupos humanos que viveram no passado.

Mas a descoberta arqueológica mais importante ocorreu em Lagoa Santa, Minas Gerais. Em 1974, uma equipe de arqueólogos encontrou um crânio de cerca de 11 mil anos que pertenceu a uma jovem mulher que tinha cerca de 20 anos de idade e 1,50 metro de altura. Eles a chamaram de *Luzia*, o ancestral humano mais antigo encontrado no Brasil.

Pintura rupestre do Parque Nacional Serra da Capivara.

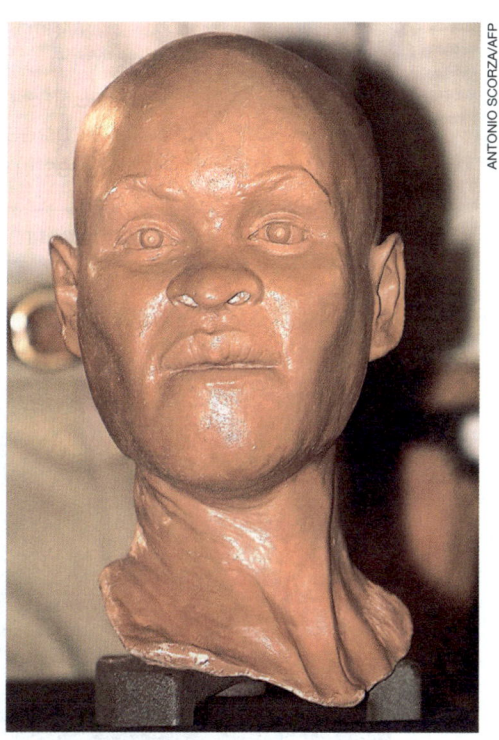

Reconstituição técnico-artística de como teria sido o rosto de *Luzia*.

8 Observe as setas vermelhas no mapa da página 28. Por onde os grupos humanos teriam se deslocado para chegar à América do Sul?

_____
_____
_____
_____

Como as pessoas faziam para...

Agasalhar-se

Há mais de 11 mil anos, quando *Luzia* viveu na região do atual estado de Minas Gerais, não existiam casas, aquecedores, máquinas de costura ou fábricas para produzir tecidos ou roupas. Então, como as pessoas faziam para proteger o corpo do frio e evitar cortes e arranhões na pele? Como mudou a confecção de vestimentas desde aquela época?

Há mais de 20 mil anos

Muitos seres humanos se abrigavam em cavernas e usavam o fogo para se proteger do frio e da chuva. Com ferramentas pontiagudas, feitas de pedras lascadas, ossos e chifres, retiravam o couro dos animais e o utilizavam como vestimenta. Com o tempo, alguns grupos passaram a entrelaçar fibras vegetais e couros macios para tecer vestimentas mais elaboradas para proteger o corpo.

Há mais de 3 mil anos

A construção de moradias proporcionou a proteção contra o frio, a chuva, o sol, o vento etc. As vestimentas, então, além de terem a função de proteger o corpo, passaram a demonstrar o poder político, religioso e econômico. No Egito Antigo, por exemplo, ricos e poderosos usavam linho muito fino, e a população pobre usava algodão rústico.

Detalhe do encosto de um trono de cerca de 3.400 anos, no Egito, mostra as vestimentas de tecidos finos bordados com pedras.

Há mais de 700 anos

As vestimentas eram produzidas em pequenas oficinas com teares manuais. As agulhas passaram a ser de ferro, facilitando a costura dos tecidos. Porém, a confecção de uma peça de roupa levava semanas ou até meses. A fabricação envolvia diversas pessoas, pois era preciso separar a lã ou as fibras, passar os fios no tear e, depois, cortar e costurar os tecidos. Grande parte da população adquiria apenas uma ou duas peças de roupa durante toda a vida. Reis e rainhas, porém, possuíam roupas diferentes, muitas vezes feitas com fios de ouro.

Mulheres tecendo fios de lã, de Chretien Legouais, anos 1300.

Trabalhador escravizado operando máquina de descaroçar algodão, nos Estados Unidos, 1865.

Há mais de 300 anos

Em meados dos anos 1800, os grandes teares mecânicos foram inventados e passaram a ser utilizados em fábricas. Movidas a vapor, essas novas máquinas tornaram a produção de tecidos mais rápida e aumentaram muito a oferta de vestimentas.

Atualmente

Com o avanço tecnológico, no século XX, a produção têxtil ficou cada vez mais rápida, e milhares de peças idênticas podiam ser fabricadas em um único dia. Hoje, além de nos proteger, as roupas também transmitem certas ideias e valores, com grande variação de estilos e de tecidos.

Interior de fábrica de fios e tecidos, município de São Paulo, estado de São Paulo, 2017.

1. Quais foram as principais transformações na forma de produzir as vestimentas?

2. Podemos afirmar que as roupas têm uma história? Justifique sua resposta.

3. Observe as roupas que você está usando neste momento. Qual é a sua utilidade? Ela transmite alguma ideia? Qual?

CAPÍTULO 4 — A agricultura e a ocupação do espaço

O processo de sedentarização

Durante milhares de anos, os grupos humanos tiveram de se deslocar em busca de alimentos. Isso começou a mudar quando alguns deles aprenderam a plantar e a colher, dando início à prática da agricultura.

Por meio da observação do ambiente, descobriram que as sementes que caíam no chão, após algum tempo, cresciam novamente e geravam novos alimentos. Eles perceberam que locais próximos a rios eram ricos em frutos e em diversos vegetais. Além disso, vários animais procuravam os rios para beber água, facilitando o processo de caça.

Peça de cerâmica produzida pelo povo núbio na antiga cidade de Kerma, onde hoje se localiza o Sudão, na África. Datado de cerca de 3.700 anos atrás.

Para auxiliar na produção de alimentos, foram criados instrumentos como machados, facas e foices de pedra polida. Além disso, era preciso armazenar as sementes e a produção agrícola. Os seres humanos passaram, então, a aprimorar as técnicas de cozimento do barro, o que deu origem a um tipo de cerâmica mais resistente, capaz de conservar sólidos e líquidos. Eles também produziam instrumentos para abrir pequenas valas no chão, onde colocavam as sementes. Esse domínio tecnológico levou à **domesticação das plantas** e alguns tipos de alimento passaram a ser cultivados.

A adoção dessas **técnicas agrícolas** revolucionou o período. As técnicas de cultivo aumentaram a produção de alimentos e, com o excedente alimentar, os seres humanos não precisavam mais deixar a terra que habitavam. Tinha início o **processo de sedentarização** ou o longo processo de fixação de grupos humanos em determinados lugares. Eles começaram a se fixar, a população cresceu e passou a ocupar diversas regiões do planeta.

Muitas dessas técnicas milenares são utilizadas ainda hoje pelos agricultores. Mesmo com as inovações tecnológicas, a antiga técnica de arar (revirar, criar sulcos) a terra continua presente e é extremamente importante para o cultivo de nossos alimentos.

Trator puxando arado que prepara a terra para o plantio, município de Brotas, estado de São Paulo, 2017.

1. Releia o texto e marque **V** para verdadeiro e **F** para falso nas afirmações abaixo.

☐ O desenvolvimento da agricultura acelerou o processo de sedentarização dos grupos humanos.

☐ Apesar da prática da agricultura, muitos grupos humanos continuaram a se deslocar pelos territórios, vivendo da caça, da pesca e da coleta.

☐ Como não havia técnicas para cultivar a terra, os grupos humanos deixaram de plantar, abandonando as terras férteis.

☐ O desenvolvimento da agricultura fez com que os grupos humanos aprimorassem as ferramentas de trabalho.

2. Assinale a imagem que mostra um instrumento agrícola que **NÃO** era usado há 12 mil anos.

Agricultora capinando lavoura, município de Ibiúna, estado de São Paulo, 2017.

Trator roçando pastagens, município de Iporã do Oeste, estado de Santa Catarina, 2015.

3. Utilize as palavras a seguir para preencher as lacunas do texto sobre o início da prática da agricultura.

[técnicas] [sementes] [pedra polida] [domesticar]

Há 12 mil anos, a prática da agricultura transformou o modo de vida de parte da humanidade. Os grupos humanos passaram a _____ algumas plantas. Eles criaram _____ para o cultivo de vegetais, como abrir pequenas valas na terra com ferramentas feitas de madeira e _____, e aprenderam a armazenar _____, que eram espalhadas no solo depois de arar a terra.

Mudanças no modo de vida dos seres humanos

Além do cultivo de vegetais, ocorreu também a **domesticação de animais**. Esse fato aumentou a quantidade de carne, de leite, de pele e de couro disponíveis. A lã das ovelhas também passou a ser utilizada para a confecção de vestimentas.

O desenvolvimento de instrumentos e os recursos naturais tornaram possível a construção de abrigos mais seguros, feitos de madeira, pedra e barro e cobertos com folhagens. As habitações ofereciam maior proteção contra animais predadores e algumas adversidades da natureza, como chuva e neve.

Criação de ovinos, município de Pedras Altas, estado do Rio Grande do Sul, 2014.

Houve **crescimento populacional**, que pode ter sido causado pela maior oferta de alimentos, gerada pela prática da agricultura e da criação de animais.

Quanto maior a população, maior deveria ser a produção de alimentos. Por isso, o controle da produção precisaria ser cada vez mais eficaz. A baixa produção de alimentos poderia levar as pessoas à morte. Assim foi necessário aprimorar, cada vez mais, as técnicas agrícolas para evitar períodos de escassez e de fome.

Frutas expostas em banca do Mercado Municipal, município de São Paulo, estado de São Paulo, 2011.

4 Por que as técnicas agrícolas provocaram grandes transformações no modo de vida de muitos grupos humanos?

_____
_____
_____
_____

5 Por que a agricultura tornou-se tão importante para a vida dos seres humanos?

_____
_____
_____

6 Assinale **1** para as características mais marcantes do modo de vida nômade e **2** para as mudanças que ocorreram durante o processo de sedentarização.

| **1** Nomadismo | **2** Sedentarismo |

- ( ) Coleta de frutas e vegetais na natureza.
- ( ) Abrigos feitos de pedra e madeira.
- ( ) Uso de ferramentas de pedra lascada.
- ( ) Pessoas desprotegidas do ataque de animais predadores.
- ( ) Cultivo de vegetais.

- ( ) Baixa expectativa de vida.
- ( ) Abrigos em cavernas e uso do fogo para aquecimento.
- ( ) Migração constante em busca de alimentos.
- ( ) Aumento do número de nascimentos.
- ( ) Maior quantidade de alimentos.

A organização social dos grupos humanos

A transição da vida nômade para a sedentária demorou milhares de anos para ocorrer. Por longos períodos, grupos nômades conviveram com grupos sedentarizados. A introdução da agricultura não ocorreu ao mesmo tempo em todos os lugares, nem os produtos cultivados eram os mesmos. As técnicas de cultivo também variavam muito de um lugar a outro, pois dependiam das condições do solo e do clima.

A fixação dos grupos humanos e a convivência constante trouxeram a necessidade de criar formas de organização social. Nessa transição, foram formados os primeiros grupos familiares, ou clãs, que, milhares de anos depois, dariam origem às aldeias, vilas e cidades. Os clãs partilhavam a terra, as ferramentas de trabalho e o culto às diferentes divindades. Essas sociedades passaram a se organizar em torno de um líder, geralmente o homem mais velho do grupo.

Aos poucos, houve a divisão do trabalho para que cada grupo cuidasse de uma parte da produção. A partir dessa divisão, as sociedades passaram a organizar-se em vários setores, o que permitiu que houvesse um grupo especializado em trocas, e, mais tarde, no comércio dos excedentes agrícolas. Dessa forma, o comércio passou a ser tão importante quanto a agricultura, pois era por meio da troca que se obtinham recursos para as próximas plantações.

> **Excedente:** o que sobra, o que há em demasia.

Ruínas arqueológicas de Mohenjo-Daro, uma das maiores cidades nas proximidades do rio Indo, no atual Paquistão, construída há cerca de 4.500 anos.

7 As transformações na história podem ser de curta ou longa duração. A transição do nomadismo para o sedentarismo pode ser considerada uma mudança de longa duração? Justifique.

_____
_____
_____
_____

8 Quais mudanças na organização social ocorreram durante o processo de sedentarização?

_____
_____
_____
_____

9 Marque **V** para verdadeiro e **F** para falso nas afirmações a seguir.

☐ O processo de sedentarização dos seres humanos ocorreu ao mesmo tempo na Ásia, na América e na Europa.

☐ A divisão do trabalho consistia em determinar que as crianças trabalhassem na agricultura e as mulheres no comércio.

☐ Os clãs eram formados por diversas famílias, que partilhavam a terra e os instrumentos de trabalho.

☐ O comércio dos produtos excedentes não contribuía em nada para essas sociedades.

O que você aprendeu

- A História estuda as sociedades humanas: a presença e as ações de mulheres, homens e crianças ao longo do tempo.

- Sempre há mudanças na História, mas elas acontecem em intervalos de tempo ou temporalidades diferentes. Podem acontecer em um tempo curto, médio ou longo.

- As fontes históricas podem ser materiais, visuais, escritas ou orais. O estudo das fontes permite que historiadores conheçam como as pessoas viviam há centenas ou milhares de anos.

- No Paleolítico, os ancestrais humanos produziam artefatos de pedra lascada, e, no Neolítico, esses artefatos passaram a ter um acabamento polido, que permitia fazer cortes mais precisos.

- As migrações dos primeiros grupos humanos em direção ao continente americano deram-se possivelmente por meio de duas rotas.

- Os primeiros grupos humanos mudavam constantemente seu local de moradia, em busca de alimentos e de proteção.

- A prática da agricultura alterou o modo de viver dos humanos, que passaram a cultivar a terra, a criar animais e a se fixar em um mesmo local.

1 Encontre seis fontes históricas no diagrama abaixo.

M	F	R	E	V	I	S	T	A	I	A	V	L	Q	M	I
H	I	U	A	B	I	W	A	A	M	A	H	I	L	Ú	E
F	L	G	V	A	Q	Z	A	A	A	A	N	V	B	S	G
C	M	L	C	A	N	T	I	G	A	A	A	O	R	V	I	H
Y	E	H	L	E	W	R	A	S	I	A	U	O	X	C	S
M	A	H	I	L	Ú	E	A	O	R	V	I	G	V	A	Q
W	R	A	S	I	A	U	U	A	B	I	W	A	A	M	S
S	V	E	Q	Y	X	X	D	E	S	E	N	H	O	A	A
B	I	W	A	O	R	V	C	M	L	V	B	S	Q	M	T

38

2 Ligue as imagens à atividade correspondente. Depois, escreva na linha abaixo de cada foto se a atividade era mais comum entre povos nômades ou entre povos já fixados em algum lugar (sedentários).

Utilização constante de instrumentos de pedra polida para cortar e moer alimentos.

Registro do cotidiano nas paredes das cavernas, que utilizavam como abrigos.

Prática da caça, da pesca e da coleta de frutos e raízes.

Cultivo de algumas espécies vegetais próprias para a alimentação humana.

Domesticação e criação de alguns animais para prover carne, pele e couro aos grupos humanos.

39

3 Reúna-se com dois colegas, escolham e incluam algumas palavras-chave do quadro para escrever um pequeno texto sobre a importância do domínio e da utilização do fogo pelos seres humanos. Inspirem-se na ilustração, no conteúdo estudado e usem a imaginação.

Valorize a sua **criatividade**, invente, faça associações com o que já conhece, crie. Divirta-se compartilhando seu texto com os colegas.

tempo	proteção	processo	duração	sobrevivência	nomadismo
sedentarização	caverna	pedra	madeira	alimento	grupo
animais	pedra lascada	pedra polida	abrigo	potes	água

_____
_____
_____
_____
_____
_____
_____
_____
_____
_____
_____

4 Leia o trecho de uma reportagem sobre a chegada dos primeiros grupos humanos à América.

O primeiro brasileiro

Há 30 anos, a arqueóloga Nièd Guidon tenta provar que o homem chegou à América muito antes do que se imaginava. [...] Nos últimos dois anos, a datação de pinturas rupestres no parque com cerca de 35 mil anos e de dentes humanos de 15 mil anos atrás promete sacudir o estudo da chegada do homem à América. A teoria mais aceita sobre o povoamento do continente diz que o homem veio pelo estreito de Bering, entre a Rússia e o Alasca, por volta de 13 mil anos atrás.

O primeiro brasileiro, publicado em: 31 dez. 2002. Disponível em: <http://mod.lk/arquepi>. Acesso em: 21 jun. 2018.

Reprodução atual de pescaria no período Neolítico. Museu de História Natural, Viena, Áustria, 2017.

- Com base no texto e no conteúdo das páginas 28 e 29, desenhe setas, humanos caminhando e em pequenos barcos no mapa para marcar as prováveis rotas utilizadas pelos ancestrais humanos. Use uma cor para cada rota.

Teorias sobre as rotas utilizadas pelos grupos humanos

Legenda:
- Travessia em barcos
- Travessia a pé
- Rota

Fontes: VIDAL-NAQUET, Pierre; BERTIN, Jacques. *Atlas histórico*: da Pré-História aos nossos dias. Lisboa: Círculo de Leitores, 1987. p. 18; ALBUQUERQUE, Manuel Maurício de. *Atlas histórico escolar*. Rio de Janeiro: FAE, 1991. p. 50.

Atividade divertida

No estado da Paraíba, existe uma pedra semelhante a esta da imagem, chamada Pedra do Ingá. Ela é considerada um documento histórico por apresentar um registro feito por humanos. Infelizmente, os pesquisadores ainda não puderam decifrar as inscrições entalhadas na Pedra do Ingá.

Utilize a legenda da página 43 e decifre a mensagem secreta.

C	H	D	L	E	É
M	Q	N	I	O	Ó
R	P	U	Z	T	S

UNIDADE 2 — O início do comércio

Observe no mapa há quanto tempo aproximadamente se iniciaram o cultivo de algumas plantas e a criação de alguns animais.

Origens da agricultura e da criação de animais (há cerca de 10.000 anos)

- Algodão
- Arroz
- Aveia
- Batata
- Cânhamo
- Centeio
- Cevada
- Ervilha
- Alpaca
- Boi
- Cabra
- Carneiro
- Cavalo
- Feijão
- Inhame
- Lentilha
- Mandioca
- Milho
- Painço
- Sorgo
- Trigo
- Galinha
- Ganso
- Lhama
- Porco
- Porco-da-índia

Área de origem das principais culturas agrícolas e criação de animais

AMÉRICA

OCEANO ATLÂNTICO

OCEANO PACÍFICO

7.000
7.000
5.300
7.000
7.000
6.000
6.000
8.000
6.000

AMÉRICA

A especialização do trabalho

O desenvolvimento da agricultura possibilitou às pessoas trabalhar em uma atividade especializada, por exemplo: artesãos que fabricavam tecidos, objetos de cerâmica, cestos, armas, entre outros.

Por ter função ilustrativa, esse mapa não vem acompanhado de escala nem de coordenadas geográficas.

ILUSTRAÇÕES: ERIKA ONODERA

Vamos conversar

1. O que era cultivado no território que hoje corresponde ao Brasil?
2. Se você fizesse uma viagem no tempo e quisesse consumir arroz, para que época e local teria de ir?
3. Identifique no mapa o local de origem de três alimentos que você gosta de comer.

Comunidades fluviais

Os primeiros grandes grupos familiares ocupavam geralmente as proximidades de um rio, o que garantia água para regar os campos de cultivo e abastecer a população e o gado.

Formação de aldeias

O desenvolvimento da agricultura levou os grupos humanos a se fixarem próximos às plantações. No local, com o tempo, formaram-se aldeias, que reuniam famílias vizinhas.

Domesticação das espécies

O processo de domesticação de plantas e animais aconteceu em muitas partes do mundo. Uma mesma espécie vegetal ou animal pode ter sido domesticada em épocas e locais diferentes.

Aumento demográfico

A durabilidade dos grãos permitiu o armazenamento dos alimentos por longos períodos. Com o cultivo da terra e a criação de animais, a alimentação tornou-se mais diversificada. O resultado foi um grande aumento populacional.

Fontes: *Atlas da história do mundo*. São Paulo: Times/Folha de S.Paulo, 1995. p. 38-39. DELSON, E. et al. (Ed.) *Encyclopedia of Human Evolution and Prehistory*. London: Garland Publishing, 2000. p. 215. REFREW, Colin; BAHN, Paul. *Arqueologia*. Madri: Akal, 1993. p. 152.

ILUSTRAÇÕES: ERIKA ONODERA

CAPÍTULO 1 - As primeiras trocas comerciais

A origem do comércio

Hoje, quando precisamos ou desejamos comprar algo, podemos ir a feiras, supermercados, lojas, *shoppings* ou, até mesmo, utilizar a internet para comprar em lojas virtuais. Para pagar por um produto, podemos usar dinheiro, cheque ou cartão. A maneira como as trocas comerciais são feitas, no entanto, passou por muitas mudanças ao longo do tempo.

Pilão utilizado para moer alimentos do Neolítico, encontrado no Níger.

Há cerca de 10.000 anos, os primeiros grupos familiares que conviviam entre si praticavam a agricultura de subsistência, uma prática na qual cultivavam apenas os alimentos necessários para seu sustento. Assim como o cultivo agrícola, a criação de animais também era feita apenas para garantir a sobrevivência do grupo, produzindo alimento, lã ou couro.

À medida que as técnicas agrícolas se aperfeiçoaram, a produção aumentou, gerando mais alimentos que o necessário para o consumo. Esse excedente passou a ser trocado entre os diferentes grupos familiares. Desse modo, os alimentos cultivados e os animais criados podiam ser trocados por outros itens que não eram produzidos por aquele grupo. Assim foi a origem do comércio.

Peles de animais, carnes, grãos, como lentilha, peixes e frutas eram alguns dos produtos utilizados há cerca de 10.000 anos.

Trocas diretas

Nesse período, faziam-se trocas diretas de produtos. Isso significa que um grupo familiar que produzia mais cereais do que era capaz de consumir, podia trocá-los, antes que se estragassem, com outro grupo que tivesse muitos animais, por exemplo.

As próprias mercadorias eram usadas como moeda e nem sempre havia diferença de valor entre elas. Essas trocas evitavam o desperdício e aumentavam a diversidade alimentar de cada família.

Pote de cerâmica utilizado para guardar grãos do Neolítico, encontrado em Israel.

1 Explique o que é a agricultura de subsistência.

_____
_____
_____
_____

2 Como eram feitas as primeiras trocas comerciais?

_____
_____
_____
_____
_____
_____

3 Leia as afirmações a seguir e escreva **V** para verdadeiro e **F** para falso.

☐ As trocas de produtos começaram apenas há 200 anos.

☐ O desenvolvimento das técnicas agrícolas favoreceu a troca de produtos entre os grupos familiares.

☐ Há 10.000 anos, as trocas comerciais eram feitas de maneira direta.

☐ A agricultura de subsistência tem por objetivo a produção de grande quantidade de alimentos para o comércio.

Novas relações e produtos

A maior oferta de alimentos possibilitou a melhoria das condições de vida e de alimentação dos grupos humanos, que se tornaram cada vez mais numerosos. O surgimento de uma produção agrícola voltada para o comércio favoreceu o aumento das trocas. Nesse período, ferramentas, utensílios de cerâmica e vestimentas também passaram a ser produzidos com o objetivo da troca.

Machado de pedra polida e vaso de argila do Neolítico.

Nos grupos maiores, cada membro da família ficava responsável por uma tarefa. Assim, teve início a especialização do trabalho: enquanto alguns trabalhavam nas plantações, outros se dedicavam a cuidar dos animais ou a produzir objetos, como enxadas, foices, machados, pilões e tecidos.

Trocas e valores

Aos poucos, os grandes grupos passaram a estabelecer valores diferentes para cada tipo de produto, conforme o tempo necessário para produzi-lo.

Se uma atividade ou um produto necessitava de certa quantidade de tempo de trabalho, cada um deles teria um valor específico. Por exemplo: um agricultor arava, semeava e irrigava a terra e depois de alguns meses colhia o cereal. Uma artesã levava semanas para lavar, cortar e costurar o couro do animal para fazer um par de sapatos. Um caçador, por sua vez, poderia abater várias aves para consumo em um único dia, mas ainda assim ele precisava esperar a época do ano adequada para caçar.

De acordo com essa ideia de igualdade, ou equivalência, entre diferentes produtos, um caçador precisaria oferecer três aves para receber em troca um fardo de trigo, por exemplo. Quatro cestos de peixes poderiam corresponder a um par de sapatos feitos pela artesã.

Mas ainda havia a troca direta de um produto por outro.

Cesto feito de fibra vegetal de cerca de 5.000 anos atrás, encontrado em uma caverna na Espanha.

Sapato feito de couro de vaca de cerca de 5.500 anos atrás.

4 Como os grupos estabeleceram os valores para os produtos que trocavam entre si?

_____
_____
_____
_____

5 Encontre no diagrama o nome de alguns produtos utilizados nas primeiras trocas comerciais.

A	Y	J	M	P	W	Q	A	S	F	C	X
P	E	I	X	E	S	A	C	A	I	A	V
A	Q	U	A	B	I	W	A	A	C	A	Y
F	V	G	V	A	Q	Z	A	A	E	A	T
C	O	E	A	B	O	R	A	R	R	A	R
Y	L	H	S	E	W	R	A	S	E	A	I
F	E	R	R	A	M	E	N	T	A	S	G
U	O	B	L	L	N	A	A	A	I	A	O
T	W	J	T	A	U	S	A	A	S	A	R
X	W	F	T	Y	S	E	D	S	M	K	P

- Reúna-se em grupo com alguns colegas e imaginem dois exemplos de trocas com valores equivalentes que poderiam ser feitas dos produtos encontrados no diagrama. Registrem a resposta.

_____
_____
_____
_____

> **Você sabia?**
>
> A concha de uma espécie de caramujo marinho era usada em algumas regiões da África e da Ásia como dinheiro. Essas conchas eram valorizadas por seu aspecto semelhante ao da porcelana e era prático usá-las como moeda, pois eram pequenas e fáceis de transportar. Além disso, como em geral tinham o mesmo tamanho e peso, muitas vezes bastava pesá-las para descobrir quanto dinheiro havia em uma porção.
>
> Na China, há 3.000 anos, as conchas naturais foram substituídas por conchas artificiais feitas de ossos (como a da foto acima, à direita), de pedra, de jade, de chumbo ou de cobre.

O surgimento da moeda

Há mais de 6.000 anos, realizar uma troca comercial não era muito simples, apesar do sistema de equivalência de valores. Uma tecelã, por exemplo, teria de encontrar um agricultor que estivesse interessado em seus produtos e, ao mesmo tempo, possuísse os produtos de que ela precisava.

Para facilitar essas trocas, passou-se a usar um produto como **símbolo de equivalência**. Os primeiros grupos familiares usaram sementes de trigo, abundantes na natureza e fáceis de transportar.

Para conseguir alimentos, a tecelã não precisaria mais oferecer tecidos em troca de arroz, por exemplo. Ela poderia utilizar determinada quantidade de sementes de trigo e o agricultor poderia utilizar as sementes que recebeu para realizar novas trocas com outras pessoas que tivessem produtos de que ele precisasse.

Essas sementes serviam como uma espécie de moeda. Desse modo, o comércio ficou mais fácil e dinâmico, pois vender e comprar se tornaram operações separadas. Com o passar do tempo, as trocas comerciais deixaram de ser diretas.

Sementes de trigo foram utilizadas como moeda por civilizações antigas durante muito tempo.

> **Moeda:** meio utilizado para realizar pagamentos por bens ou serviços.

6 Com o uso da moeda, o que mudou nas trocas comerciais?

_____

_____

_____

7 Observe as imagens e relacione cada troca representada à sua descrição.

A   B   C

☐ Troca de mercadorias por moedas.

☐ Troca direta entre produtos.

☐ Troca direta de produtos com valores equivalentes.

8 Reúna-se com 2 ou 3 colegas e pesquisem em livros e *sites* algumas moedas que existem no mundo atualmente.

1.	País	
	Nome da moeda	
2.	País	
	Nome da moeda	
3.	País	
	Nome da moeda	

Para ler e escrever melhor

O texto a seguir apresenta a **sucessão** de eventos que transformaram as primeiras moedas de troca no modelo que conhecemos hoje.

A história do dinheiro

Inicialmente, em uma troca comercial, o valor de uma mercadoria era determinado pela quantidade de tempo gasto para produzi-la. Com o tempo, houve um grande aumento da quantidade e da variedade de mercadorias produzidas. Desse modo, tornou-se impraticável calcular o valor dos bens a cada troca realizada. Aos poucos, cada produto passou a ter um valor fixo, que podia ser trocado por algo que representasse aquele valor: a moeda.

No passado, materiais como plumas, pedras, sementes, sal, contas e conchas eram utilizados como dinheiro em diferentes lugares do mundo. Mas, afinal, o que é o dinheiro? O que caracteriza algo como dinheiro é o fato de que ele constitui um meio de pagamento reconhecido por uma determinada comunidade. Mesmo as sociedades mais antigas possuíam regras precisas sobre o valor e o uso de seu dinheiro.

Moeda grega feita de prata de cerca de 2.350 anos atrás. Os desenhos faziam referência ao local em que as moedas foram emitidas.

As primeiras moedas de metal, feitas de ouro e prata, foram cunhadas há mais de 2.500 anos, na região da Lídia, onde hoje se localiza a Turquia. Cunhar as moedas significava marcar os metais com um símbolo oficial, indicando que a quantidade de metal contida na moeda tinha sido devidamente pesada e conferida. Uma vez adotada na Lídia, a moeda logo se espalhou para outros lugares, como Itália, China e Japão, e novos metais passaram a ser utilizados, como o cobre e o bronze.

Os chineses foram os primeiros a utilizar dinheiro em forma de papel. As cédulas, também conhecidas como papel-moeda, já existiam na China há 1.000 anos, mas não se tornaram populares e logo caíram em desuso. As notas só apareceram na Europa há cerca de 350 anos, e então se espalharam pelo mundo.

O florim foi a primeira moeda cunhada no Brasil, em 1645, produzida por holandeses em Pernambuco.

1 Quais foram alguns dos primeiros materiais utilizados como dinheiro nas trocas comerciais?

_____

_____

2 Segundo o texto, que outros materiais foram utilizados como moeda depois?

_____

_____

3 Com base em uma pesquisa em livros e na internet, registre a sucessão de eventos que contam a história de determinado objeto. Para isso, escolha as principais transformações até chegar ao modelo utilizado atualmente. Você pode pesquisar a história do dinheiro no Brasil, do livro, do telefone, da televisão ou de outros itens.

Título: _____

1º evento: _____

_____

_____

2º evento: _____

_____

_____

3º evento: _____

_____

_____

4º evento: _____

_____

_____

CAPÍTULO 2 — Comércio e ocupação do espaço

O comércio marca a história da humanidade. A princípio, as relações de comércio ocorriam entre grupos que viviam próximos. Com o tempo, mercadores passaram a levar seus produtos, por terra ou por mar, para regiões cada vez mais distantes.

Na região do mar Mediterrâneo, por exemplo, o comércio que atravessava longas distâncias ocorreu de maneira intensa envolvendo vários povos antigos, da Europa, da África e da Ásia, como os fenícios. As trocas comerciais permitiam, também, a divulgação de novos produtos e de outras línguas, costumes e culturas.

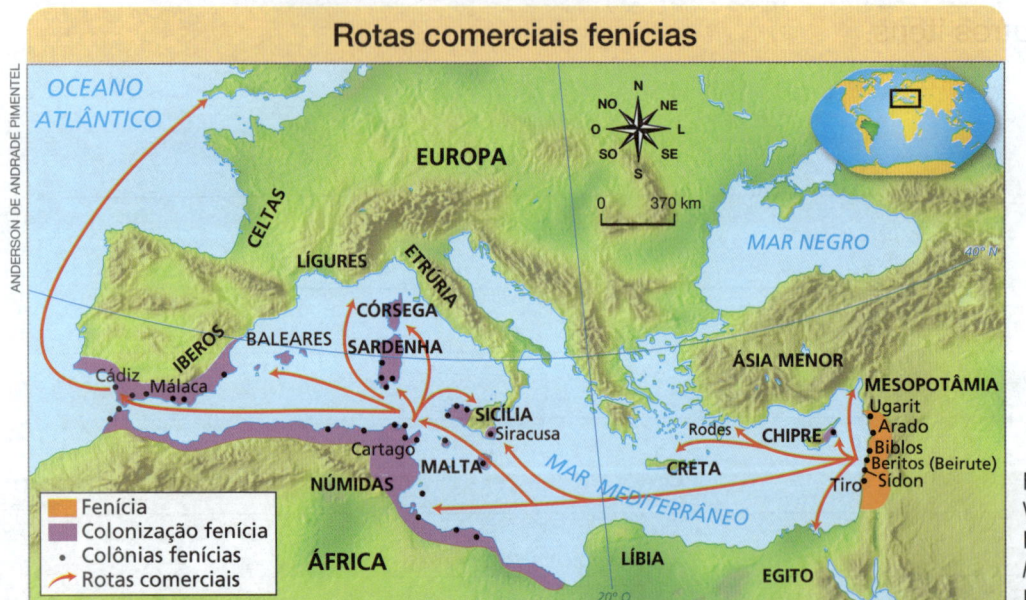

Modelo de embarcação fenícia, chamada de galé.

Rotas comerciais fenícias

Fonte: HILGEMANN, Werner; KINDER, Hermann. *Atlas historique*. Paris: Perrin, 1992. p. 34.

Audiovisual
O comércio caravaneiro

Há cerca de 3.000 anos, os fenícios habitavam uma estreita faixa litorânea do mar Mediterrâneo, onde hoje se localizam o Líbano e parte da Síria. A região era pouco favorável à agricultura e, por isso, dedicaram-se mais ao comércio. Eles possuíam conhecimentos astronômicos e navegavam em embarcações chamadas galés, nas quais utilizavam velas e longos remos. Por meio delas, chegaram à Europa e à África, onde comercializavam seus produtos e fundaram várias colônias. Difundiram, também, o seu idioma e um tipo de escrita, o que ajudava na comunicação e no comércio.

Colar fenício de pasta de vidro, de cerca de 2.400 anos. Os fenícios eram excelentes artesãos e produziam tecidos, joias, perfumes e objetos em marfim, madeira e metal.

1 De que maneira o comércio influenciou a ocupação do espaço e as trocas culturais entre os povos?

_____
_____
_____
_____

2 De acordo com o mapa da página anterior, qual foi a importância do mar Mediterrâneo para alguns povos antigos? Explique.

_____
_____
_____

3 Observe as imagens e responda às questões.

Moedas fenícias de cerca de 3.000 anos atrás.

> Releia o texto da página 54 e **pense bem sobre o assunto** antes de responder.

a) O que esses objetos têm em comum?

_____
_____
_____

b) É possível supor por que motivo as duas moedas têm essas características em comum?

_____
_____
_____

Trocas culturais e conflitos

Na região do mar Mediterrâneo, várias sociedades se desenvolveram com o crescimento do comércio. As rotas comerciais foram um elemento comum aos povos que viveram nessa região ao longo dos séculos, como fenícios, cartagineses, gregos, romanos, árabes e navegadores e comerciantes das cidades de Gênova e Veneza. Esse processo de trocas comerciais e culturais permaneceu ao longo do tempo.

Ilustração atual representando navegadores fenícios comercializando mercadorias em porto do mar Mediterrâneo há cerca de 2.400 anos.

O comércio proporcionou a troca de conhecimentos matemáticos, geográficos, astronômicos e de navegação, além da difusão de habilidades como a produção têxtil e a mineração. Os povos compartilharam alfabetos e calendários e, com um clima e condições ambientais similares nessa região, partilharam também técnicas de agricultura e pastoreio. Muitas dessas populações desenvolveram hábitos alimentares semelhantes, como o consumo de pão, vinho e azeite, e trocaram influências na arte, na arquitetura e na forma de administração pública.

Por ser um importante espaço de conexão entre diferentes civilizações, muitos povos disputavam a liderança do comércio na região do mar Mediterrâneo, resultando em guerras e batalhas. As disputas se davam pelo controle das rotas comerciais e levavam um povo a concorrer com outro, gerando mudanças, como o domínio de portos e de pontos de comércio. O comércio era uma atividade necessária à vida das populações e, ao mesmo tempo, originou conflitos políticos e sociais, e gerou, também, desigualdades entre as pessoas.

Comércio na Ásia e na América

Além da região do mar Mediterrâneo, outros povos de diversas partes do mundo também realizavam o comércio enfrentando longas distâncias. É o caso do comércio da seda produzida na China, que era transportada por um longo caminho até a Europa, passando pela região do Mediterrâneo.

Rotas de comércio terrestres e fluviais foram criadas, também, entre os povos indígenas da América muito antes da chegada dos europeus. A criação de rotas, as trocas comerciais e o desenvolvimento de sistemas de equivalência aconteceram em diferentes épocas e lugares.

Gravura feita no ano de 1540, retratando mercadores astecas, povo que habitava a região onde hoje se localiza o México. Os astecas comercializavam produtos como cacau, milho, metais preciosos, plumas e tecidos.

4 Quais foram os principais motivos dos conflitos entre os povos da região do mar Mediterrâneo?

_____

_____

5 Complete as frases com as palavras destacadas abaixo.

- Mediterrâneo
- comércio
- seda

- O _____ era uma atividade comum aos diferentes povos que viveram na região do mar _____.

- A _____ era fabricada na China e transportada para a Europa passando pelo Mediterrâneo.

O mundo que queremos

Economia solidária: moeda social e bancos comunitários

Quando pensamos em bancos, imaginamos grandes empresas com agências elegantes [...]. Mas dezenas de pequenas instituições financeiras estão mudando a relação que milhares de brasileiros têm com o próprio dinheiro. São os bancos comunitários, criados em vilas e favelas, que contam com moeda e sistema de crédito próprios e fomentam as economias locais. [...]

Uma das condições para a criação de um banco comunitário [...] é o envolvimento da comunidade. Isso porque o objetivo final não é o lucro, e sim o desenvolvimento da economia do entorno. Para tanto, é criada uma moeda social, que circula apenas na comunidade. Os moradores podem pegar dois tipos de empréstimo: um para produção, como reforma de uma loja ou compra de estoque, em reais, e outro para consumo, compra de alimentos e outros produtos, na moeda do banco.

Dessa forma, artigos como alimentos, roupas, sapatos e até serviços de beleza ou aulas são consumidos na comunidade, nas lojas que aceitam a nova moeda [...].

Hoje, as instituições estão presentes em quilombos, comunidades de pescadores, aldeias indígenas e em favelas [...]. Todas as "agências" são geridas e fiscalizadas pela comunidade. O dinheiro para iniciar os bancos comunitários também vem do local, seja de rifas, seja de vaquinhas ou de eventos de arrecadação de fundos.

Banco Comunitário Cidade de Deus e cédula da sua moeda social no valor de 10 CDDs. Município do Rio de Janeiro, estado do Rio de Janeiro, 2011.

Fomentar: estimular, desenvolver.

Vaquinha: coleta de dinheiro em um grupo para o pagamento de uma despesa em comum.

VELOSO, Larissa. Donos do próprio dinheiro. *Planeta*. 3 nov. 2014. Disponível em: <http://mod.lk/bcocomun>. Acesso em: 15 maio 2018.

1 De acordo com o texto, o que são bancos comunitários?

_____
_____
_____

2 Como o banco comunitário pode ajudar a desenvolver uma comunidade?

_____
_____
_____

3 Leia as afirmativas a seguir e assinale **V** para verdadeiro e **F** para falso.

☐ As moedas sociais podem ser usadas em estabelecimentos comerciais fora da comunidade.

☐ O objetivo dos bancos comunitários é o desenvolvimento da economia de determinada comunidade.

☐ As moedas sociais podem ser utilizadas pelos moradores para comprar mercadorias e pagar por serviços.

☐ A criação de bancos comunitários não recebe apoio da comunidade.

4 Além das moedas sociais e dos bancos comunitários, outra forma de desenvolver a economia solidária em uma comunidade é a realização de **feiras de trocas**.

- Reúna-se com os colegas e pesquise se existem feiras desse tipo no local em que vocês vivem.
- Caso contrário, vocês podem organizar uma feira de trocas na escola.
- Os participantes poderão trocar itens como livros, roupas, materiais escolares ou brinquedos que estejam em boas condições, ou ainda serviços como aulas de música, dança, cuidar de um animal etc.

CAPÍTULO 3 - A expansão do comércio e das rotas

Até 1498, o comércio marítimo entre Europa e Ásia era feito apenas pelo mar Mediterrâneo. Por ali, mercadores traziam tecidos de seda, tapeçarias, pedras preciosas, porcelanas e especiarias, que eram vendidos por toda a Europa. Esses produtos vinham da África e da região que incluía territórios que hoje correspondem ao Japão, à China, à Índia e à Indonésia, que os europeus, à época, chamavam de Índias.

As especiarias são produtos como cravo, canela, noz-moscada, baunilha, gengibre e pimenta. Usadas para temperar e conservar alimentos e na fabricação de remédios e perfumes, elas eram caras no mercado europeu, pela dificuldade em trazê-las de locais distantes e pouco acessíveis.

Especiarias: canela, anis-estrelado, noz-moscada, cardamomo, pimenta e açafrão.

O comércio de especiarias e artigos de luxo era muito lucrativo e controlado por mercadores árabes e das cidades de Gênova e Veneza, que dominavam as rotas marítimas do mar Mediterrâneo.

Outros povos europeus, como os portugueses, também queriam participar desse vantajoso comércio e enviaram embarcações para contornar a África pelo Oceano Atlântico, a fim de encontrar uma nova rota até as Índias. Depois de muitas expedições, o navegador português Bartolomeu Dias conseguiu, entre 1487 e 1488, alcançar o temido Cabo da Boa Esperança, no sul da África.

Dez anos depois, Vasco da Gama, realizando o mesmo percurso, alcançou finalmente Calicute, na Índia, uma importante região que fornecia especiarias. Os lucros obtidos com essa viagem foram reinvestidos em outras expedições, que ajudaram Portugal a se tornar o maior centro europeu do comércio de especiarias e artigos de luxo.

Detalhe de *A margem de Schiavoni, Veneza*, de Leandro de Ponte Bassano, óleo sobre tela, 1595. A pintura retrata um dia de comemoração ao sucesso da esquadra veneziana, que dominou por um período o comércio no mar Mediterrâneo.

1 O que são especiarias? Para que elas são utilizadas?

_____

_____

_____

2 Observe o mapa e responda às questões a seguir.

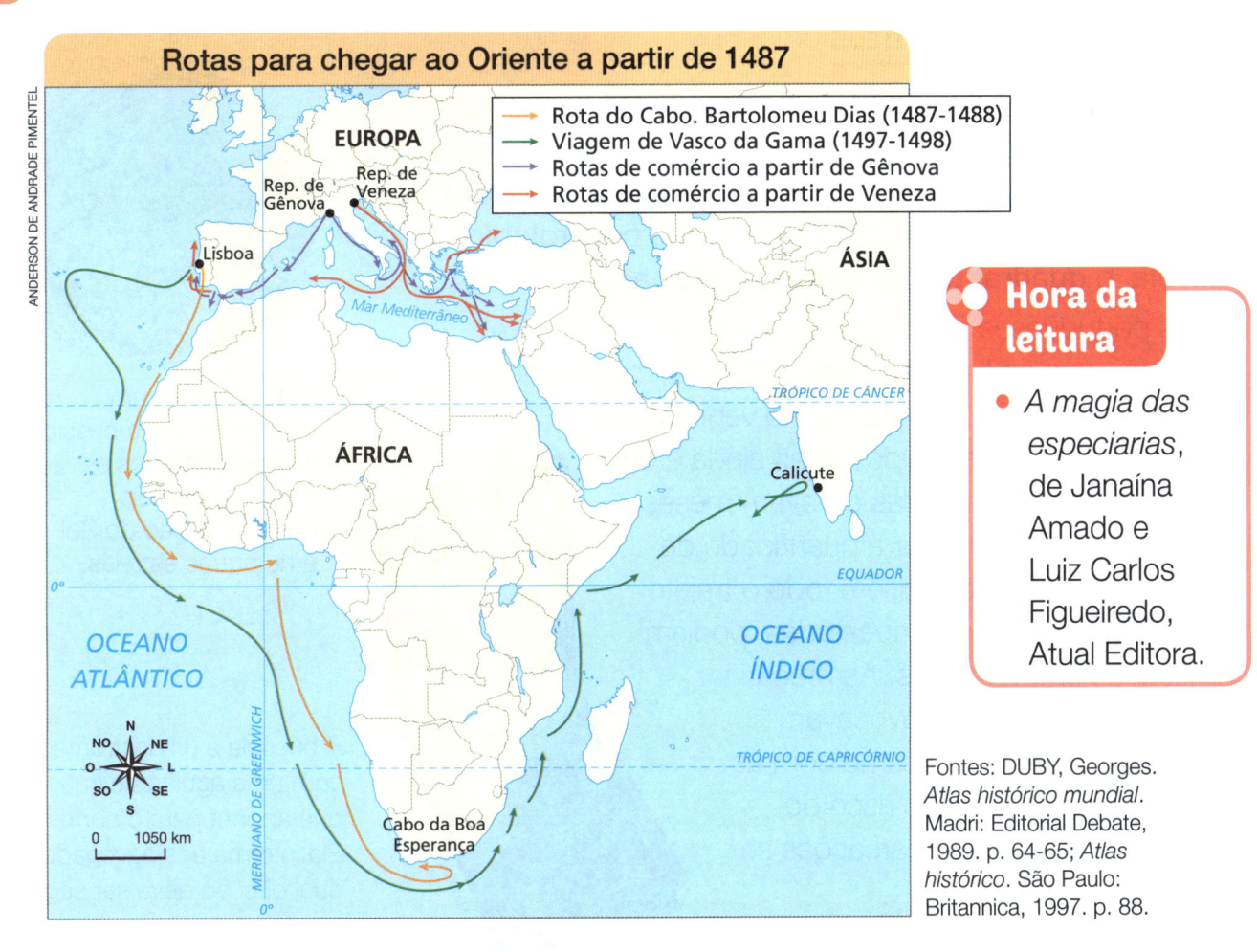

Rotas para chegar ao Oriente a partir de 1487

- → Rota do Cabo. Bartolomeu Dias (1487-1488)
- → Viagem de Vasco da Gama (1497-1498)
- → Rotas de comércio a partir de Gênova
- → Rotas de comércio a partir de Veneza

Fontes: DUBY, Georges. *Atlas histórico mundial*. Madri: Editorial Debate, 1989. p. 64-65; *Atlas histórico*. São Paulo: Britannica, 1997. p. 88.

Hora da leitura

- *A magia das especiarias*, de Janaína Amado e Luiz Carlos Figueiredo, Atual Editora.

a) Por que alguns povos europeus se empenharam em encontrar uma nova rota marítima até as Índias?

_____

_____

b) Quais foram as principais mudanças de percurso entre as rotas marítimas representadas no mapa?

_____

_____

_____

Mudanças na navegação

Alguns povos europeus tinham pouco conhecimento sobre os oceanos e acreditavam que, além dos limites conhecidos, existiam monstros marinhos que atacariam as embarcações. A maior parte das viagens marítimas era feita próximo ao litoral, e não em mar aberto. Por isso, descobrir a Rota do Cabo e navegar além dos marcos conhecidos não foi tarefa fácil.

Técnicas e instrumentos

A necessidade de encontrar outro caminho para chegar às Índias e a busca por riquezas estimularam os europeus a enfrentar os perigos do mar. Para isso, eles aperfeiçoaram os instrumentos de orientação marítima, como o **astrolábio**, a **bússola**, o **quadrante** e as **cartas marítimas**.

Os portugueses foram pioneiros e desenvolveram a **caravela**, uma embarcação longa, feita de madeira e com velas que eram impulsionadas pelo vento. As viagens ficaram mais rápidas, mas ainda eram muito desconfortáveis. Elas duravam meses e era necessário controlar a quantidade de alimentos para que durassem todo o trajeto. Imprevistos, como as tempestades, podiam danificar as embarcações. As precárias condições de higiene provocavam doenças e mortes. E, mesmo com as melhorias, ainda existia o risco de naufrágios ou de as embarcações se perderem no mar.

O astrolábio é um instrumento que possibilita aos navegadores se orientar por meio da observação do Sol e de outras estrelas.

A bússola é um instrumento com uma agulha de ímã que aponta para o norte. Ela informa aos navegadores qual direção deve ser seguida.

Você sabia?

As caravelas eram embarcações ágeis e velozes e possuíam dois tipos de vela. As triangulares possibilitavam fazer manobras mais facilmente; as quadradas eram impulsionadas pelo vento, aumentando a velocidade.

Ilustração representando caravela.
Fonte: *Viagens de descobrimento*: 1400-1500. Rio de Janeiro: Abril Livros, 1994. p. 18-19.

3 Observe a imagem a seguir e responda às questões.

> Há conhecimentos que são obtidos dentro e fora do ambiente escolar. Sempre que puder, **aplique os conhecimentos** que você já aprendeu para resolver questões relacionadas a esse conteúdo ou ao seu dia a dia.

Monstros marinhos e embarcações, gravura de Jan Collaert, 1596.

a) Como são os animais representados na imagem? Seriam eles reais ou imaginários?

___

b) Quais dificuldades os navegadores enfrentaram para conhecer novas rotas marítimas?

___

4 Assinale com um **X** os recursos que facilitaram a navegação nos anos 1400.

☐ Uso de velas triangulares e quadradas.

☐ Desenvolvimento das caravelas.

☐ Invenção do motor de popa.

☐ Aperfeiçoamento da bússola e do astrolábio.

Como as pessoas faziam para...

Sobreviver às longas viagens marítimas

A rotina nos navios durante as longas viagens realizadas a partir dos anos 1400 era muito difícil. Além do longo tempo em alto-mar e do trabalho quase ininterrupto na manutenção da embarcação, a tripulação tinha de se preocupar com a alimentação e com as doenças que a vitimavam.

Durante a viagem, o principal alimento consistia em uma ração diária de cerca de 400 gramas de um biscoito seco feito de farinha de trigo e centeio. ①

Para fazer suas necessidades, os marujos usavam assentos instalados na borda do barco ou em baldes. ②

Para prevenir incêndios, o fogão geralmente ficava no convés, onde também eram feitas as refeições. ③

Os alimentos frescos (incluindo animais vivos), embarcados no início da viagem, não duravam muitos dias. Os demais alimentos secos, como carne salgada, bacalhau salgado, frutas secas e lentilhas, eram armazenados em porões abafados e úmidos e, muitas vezes, apodreciam. Era muito difícil pescar em alto-mar. Os marinheiros geralmente não tinham equipamentos para pescar em águas profundas e também não queriam desperdiçar a comida usando-a como isca.

ILUSTRAÇÕES: EBER EVANGELISTA

64

4 A água potável era armazenada em barricas. Depois de algumas semanas, apareciam limo e parasitas, o que causava diarreias e outras doenças nos marujos.

5 Nos navios, havia uma organização bastante rígida, e cada tripulante tinha uma função: havia o capitão-mor, os nobres, os especialistas em navegação, o mestre, o contramestre, o piloto, o escrivão, representantes da Igreja e centenas de marinheiros.

6 Havia poucas formas de lazer durante as longas viagens: jogos de cartas, leitura em voz alta, rezas, dramatização de histórias populares e de eventos religiosos.

7 Apenas os nobres, capitães ou religiosos dormiam em camas. A maioria da tripulação dormia ao relento, na popa ou no convés dos barcos.

ILUSTRAÇÕES: EBER EVANGELISTA

1 Como era a alimentação da tripulação?

2 Como as condições de alimentação e higiene afetavam a vida da tripulação?

3 Se você fosse o capitão de um navio nessa época, o que faria para aumentar o conforto da tripulação e melhorar as condições de viagem?

Fontes: BIESTY, Stephen; PLATT, Richard. *Conhecer por dentro*. São Paulo: Folha de S. Paulo, 1995. p. 17-20; COUTINHO, Gago. *A náutica dos descobrimentos*. Lisboa: Agência Geral do Ultramar, 1951. v. 2; FARRÈRE, Claude. *Histoire de la Marine Française*. Paris: Flammarion, 1956. p. 121.

CAPÍTULO 4

As grandes navegações

Atividade interativa
Viajando com Colombo

Até os anos 1400, os europeus tinham limitados conhecimentos geográficos. Eles conheciam, basicamente, a Europa e as proximidades do mar Mediterrâneo, como algumas partes da África e da Ásia. Os oceanos eram pouco explorados, pois existia o medo dos perigos reais e imaginários em alto-mar.

Mesmo com tantos desafios, os navegantes europeus se aventuraram em expedições pelo Oceano Atlântico movidos pela busca de riquezas (especiarias e metais preciosos), pela conquista de novas colônias e pela expansão do cristianismo.

A viagem de Colombo

Em 1492, o navegador Cristóvão Colombo e sua tripulação, a serviço da Espanha, partiram em busca de uma nova rota para as Índias, navegando pelo Oceano Atlântico em direção a oeste. Os espanhóis desembarcaram em uma ilha da atual América Central, chamada pelos nativos de Guanahani, mas batizada pelos europeus de Ilha de San Salvador. Eles pensavam ter chegado às Índias, por isso chamaram os nativos de índios.

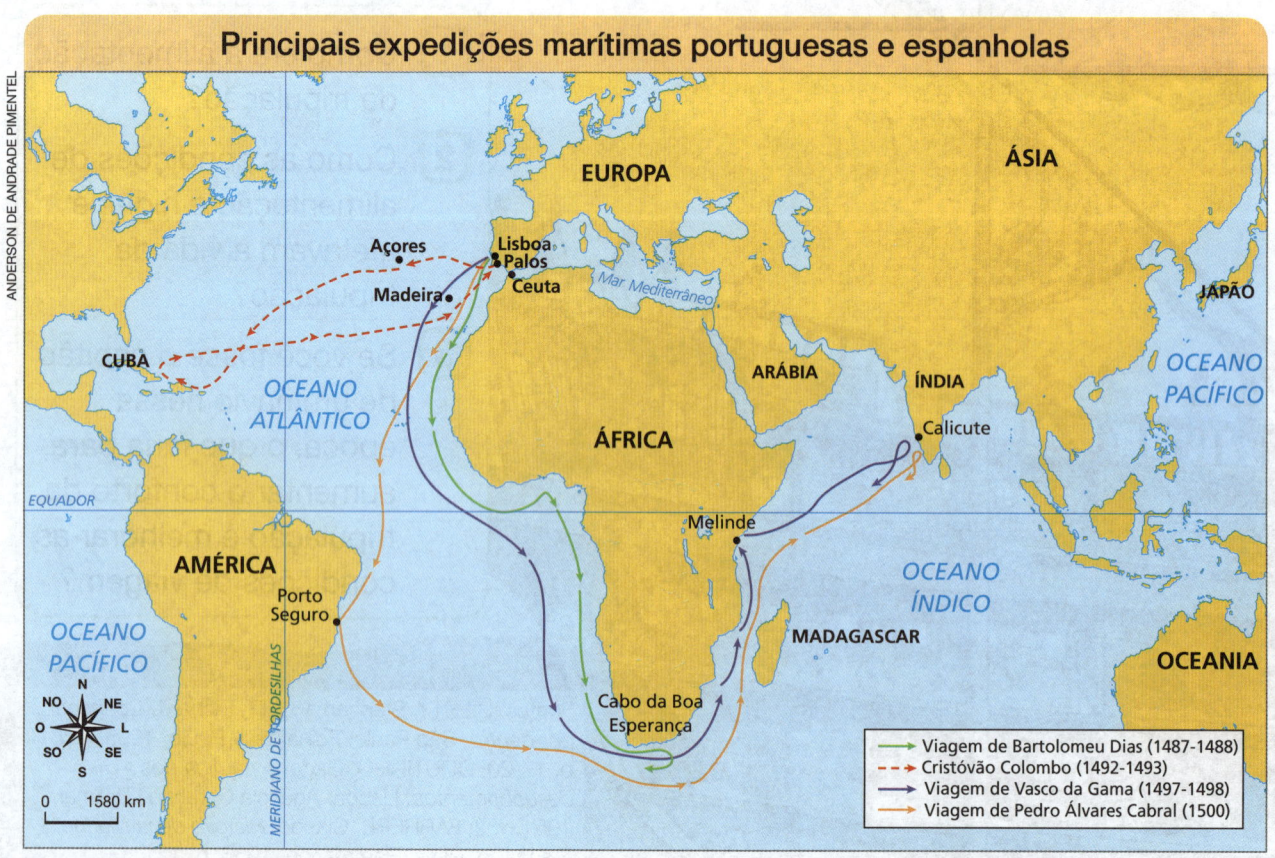

Principais expedições marítimas portuguesas e espanholas

- Viagem de Bartolomeu Dias (1487-1488)
- Cristóvão Colombo (1492-1493)
- Viagem de Vasco da Gama (1497-1498)
- Viagem de Pedro Álvares Cabral (1500)

Fontes: *Atlas histórico escolar*. Rio de Janeiro: FAE, 1988. p. 112-113. *Atlas histórico*. São Paulo: Britannica, 1997. p. 88.

1 Quais fatores moveram os europeus a buscar novas rotas ao Oriente pelo Atlântico?

_____
_____

2 Leia o texto a seguir e, depois, responda às questões.

Quando a expedição de Gonçalo Velho atingiu os Açores no início dos anos 1430, ainda que a latitude ali fosse muito próxima da de Portugal, ele e seus homens imaginavam estar adentrando uma zona em que "a água do mar ferve como em uma caldeira e que os marinheiros são sugados, juntamente com os navios, por um grande precipício e jogados no inferno".

RODRIGUES, Jaime. Um mundo novo no Atlântico: marinheiros e ritos de passagem na linha do Equador, séculos XV-XX. In: *Revista Brasileira de História*, São Paulo, v. 33, n. 65, 2013, p. 240.

> **Açores:** ilhas localizadas no Oceano Atlântico que hoje fazem parte do território de Portugal.
>
> **Latitude:** distância de um ponto da Terra em relação à linha do Equador.
>
> **Adentrar:** entrar.

a) O que o texto descreve?

_____
_____
_____

b) Observe o mapa da página 66 e releia o texto desta página. É possível dizer que os navegadores superaram o medo? Por quê?

_____
_____
_____
_____
_____

3 Como foi que Colombo chegou à América? Ele navegava a serviço de quem?

_____
_____

Nova visão de mundo

A chegada dos europeus à América fez com que diferentes partes do mundo se interligassem. Alguns povos que tinham pouco ou nenhum contato entre si foram muito afetados. Produtos, pessoas e culturas passaram a circular, a partir de então, entre a Europa, a América e a África. Com a viagem de Colombo, ampliaram-se os conhecimentos de geografia e novos mapas foram elaborados.

Observe os mapas desta página. O primeiro, produzido em 1489, antes da viagem de Colombo, retrata apenas a Europa, a África e a Ásia, pois o continente americano ainda era desconhecido dos europeus. Já o segundo mapa, de 1507, foi produzido alguns anos depois dos primeiros contatos dos europeus com a América. Essa é a primeira vez que o nome "América" aparece em um mapa, ainda que o continente tenha sido representado de maneira imprecisa.

Mapa-múndi de Henricus Martellus, 1489.

Por isso, depois que os europeus chegaram ao continente americano, a América ficou conhecida como Novo Mundo e a Europa, como Velho Mundo. Por muito tempo esse episódio ficou marcado como a "Descoberta da América", revelando uma visão eurocêntrica (uma forma de olhar o mundo e a História a partir do ponto de vista dos europeus) sobre o continente, pois pressupõe que a América não existia antes que os europeus a conhecessem e desconsidera os diversos povos indígenas que já viviam nesse território e desenvolviam sociedades complexas.

Mapa-múndi de Martin Waldseemüller, 1507.

4 Observe a imagem e leia a legenda para responder às questões a seguir.

Chegada de Colombo à América, gravura de Theodore de Bry, 1596. Nessa representação, Cristóvão Colombo segura uma lança e está à frente de dois europeus.

a) Quais grupos estão representados na imagem?

_____

b) O que os indígenas estão oferecendo aos espanhóis?

_____

c) Em sua opinião, por que foram representadas na imagem uma cruz e uma lança?

_____

_____

5 Reúnam-se em grupos e conversem: Vocês consideram que a chegada de Colombo à América representou a "descoberta do novo continente"? Escrevam suas conclusões e depois compartilhem com a turma.

_____

_____

_____

_____

A viagem de Pedro Álvares Cabral

Nomeado pela Coroa portuguesa para comandar uma expedição para a Índia, Pedro Álvares Cabral recebeu ordens para tomar posse, em nome de Portugal, das terras que encontrasse pelo caminho.

Durante a viagem, em vez de seguir a rota para Calicute, Cabral desviou do caminho, pois, naquela época, suspeitava-se que ao sul do continente que Colombo havia alcançado existiam outras terras. Assim, em 22 de abril de 1500, a frota chegou ao local que, depois, seria chamado de Brasil, e reivindicou as terras para Portugal. Cabral aportou na região da atual cidade de Santa Cruz Cabrália, na Bahia, e deu-lhe o nome de **Terra de Santa Cruz**.

Praia de Coroa Vermelha, município de Santa Cruz Cabrália, estado da Bahia, 2017. Esse é o provável lugar onde a esquadra de Cabral desembarcou.

Nativos e portugueses

Quando os portugueses encontraram os nativos, ofereceram a eles chapéus, colares e crucifixos. Em troca, receberam dos indígenas cocares, arcos e flechas. Dias depois, os tripulantes de uma das embarcações da frota voltaram a Portugal para dar notícias ao rei. Alguns homens ficaram em Santa Cruz Cabrália e o restante da expedição seguiu viagem para Calicute, na Índia.

A expedição de Pedro Álvares Cabral fez parte de um momento histórico conhecido por **Grandes Navegações**. Elas trouxeram muitas mudanças para os europeus e para os indígenas, como a utilização de novas rotas oceânicas, a chegada a um continente desconhecido e o contato com diferentes povos.

6 Observe a linha do tempo abaixo com os principais marcos das expedições portuguesas e compare com as rotas marcadas no mapa da página 66.

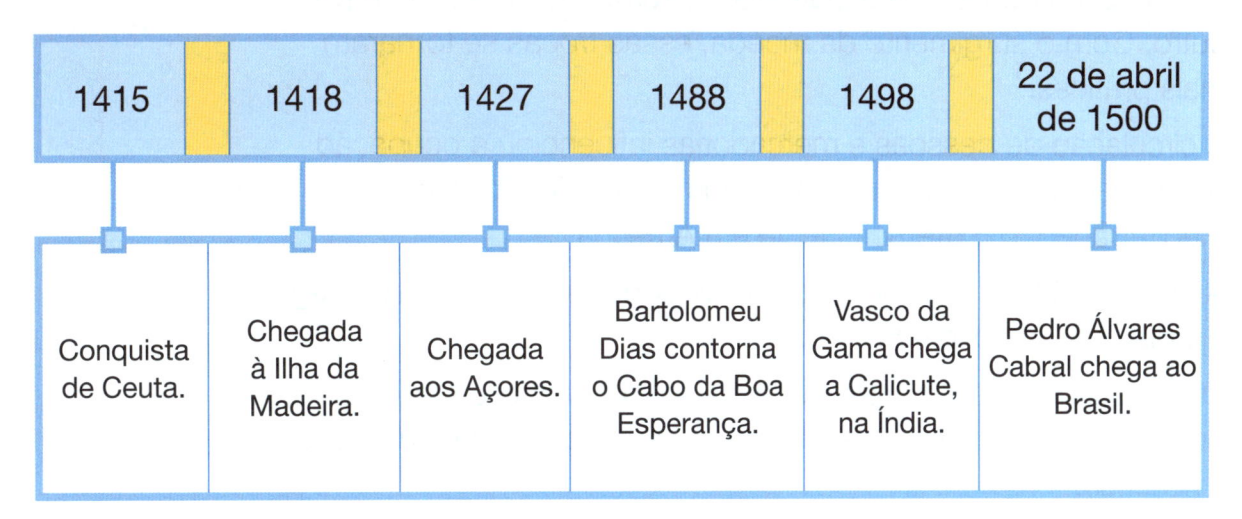

1415	1418	1427	1488	1498	22 de abril de 1500
Conquista de Ceuta.	Chegada à Ilha da Madeira.	Chegada aos Açores.	Bartolomeu Dias contorna o Cabo da Boa Esperança.	Vasco da Gama chega a Calicute, na Índia.	Pedro Álvares Cabral chega ao Brasil.

- Preencha os quadros com números de 1 a 6, seguindo a ordem cronológica da chegada dos portugueses a cada local.

☐ Açores.   ☐ Índia.

☐ Ilha da Madeira.   ☐ Brasil.

☐ Cabo da Boa Esperança.   ☐ Ceuta.

7 Que objetos portugueses e indígenas trocaram nos primeiros contatos entre eles?

_____
_____
_____

8 Como você imagina que fizeram para sobreviver os homens que permaneceram em Santa Cruz Cabrália?

_____
_____
_____
_____

O que você aprendeu

- As primeiras trocas comerciais eram diretas, de um produto por outro. Com o surgimento da moeda, essas trocas se tornaram mais práticas.
- A circulação de pessoas e mercadorias influenciou a ocupação dos espaços ao longo do tempo, como a região do mar Mediterrâneo, o Extremo Oriente e a América.
- A descoberta da Rota do Cabo pelos portugueses permitiu chegar à Índia por um novo caminho.
- O comércio de especiarias e artigos de luxo motivou a busca por novas rotas comerciais e resultou na chegada dos europeus à América.

1 Enumere a sequência dos eventos sobre as primeiras trocas comerciais e o uso de moedas.

☐ O valor de um produto, como um alimento, pôde ser determinado de acordo com o tempo necessário para sua produção.

☐ O papel-moeda passou a ser muito utilizado há cerca de 350 anos.

☐ Há cerca de 10.000 anos, as trocas eram diretas e os produtos trocados tinham o mesmo valor.

☐ Há mais de 2.500 anos, moedas feitas de metais já eram utilizadas.

☐ Em 1645, foram cunhadas as primeiras moedas no Brasil.

☐ Há mais de 3.000 anos, alguns grupos começaram a utilizar objetos como conchas para realizar trocas comerciais.

2 Reúnam-se em grupos e escolham alguns objetos escolares que poderiam ser trocados. Os grupos devem estabelecer um sistema de equivalência entre os objetos. Por exemplo, quantos lápis seriam necessários em troca de um caderno? Montem uma tabela com os valores estipulados para cada objeto. Depois, cada grupo deverá explicar aos demais os critérios usados para definir os valores.

3 Encontre no diagrama as respostas dos itens a seguir.

a) Embarcações fenícias usadas no comércio pelo Mediterrâneo.

b) Atividade humana baseada na troca de produtos.

c) Mar localizado entre o sul da Europa, o norte da África e o oeste da Ásia.

d) Temperos muito valorizados na Europa obtidos no Oriente.

e) Embarcação ágil e veloz desenvolvida pelos portugueses.

P	D	R	L	T	S	A	C	A	I	A	V	S	A	M
A	C	O	M	É	R	C	I	O	C	F	Y	A	J	O
F	V	G	V	A	Q	Z	U	A	E	H	T	G	W	P
R	E	S	P	E	C	I	A	R	I	A	S	A	J	O
B	E	C	O	M	G	O	C	K	O	K	G	L	A	H
U	S	C	A	R	A	V	E	L	A	A	O	É	O	Y
M	G	O	S	F	J	M	R	L	S	W	Q	S	I	H
M	E	D	I	T	E	R	R	Â	N	E	O	S	S	I

4 Relacione os textos às imagens.

1. *Caravela*, gravura de Theodore de Bry, 1592.

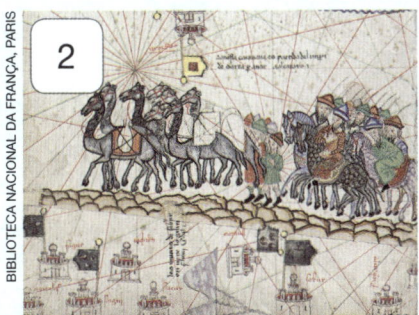

2. Detalhe da caravana de Marco Polo (mercador veneziano) a caminho de Catai, na China. *Atlas Catalão*, 1375.

3. Pessoa comprando produtos pela internet, 2016.

☐ Comércio virtual.   ☐ Comércio marítimo.   ☐ Comércio terrestre.

5 O texto a seguir foi escrito por um indígena. Ele discorre sobre os nomes dados pelos portugueses aos lugares que encontraram na América.

Antes de os portugueses chegarem,
cada lugar de nossa terra tinha um nome.
Os rios já tinham nome.
As lagoas já tinham nome.
Mas logo os portugueses trocaram os nomes de tudo.
O lugar onde eles encostaram as caravelas
eles chamaram de Porto Seguro.
O primeiro morro que eles enxergaram
eles chamaram de Monte Pascoal.
Os Tupinikim já tinham dado nome
para esses lugares.
Os portugueses mudaram o nome da terra.
Mas não mudaram só o nome da terra.
Os portugueses roubaram a terra também.

Em: PAULA, Eunice Dias de; PAULA, Luiz Gouveia de; AMARANTE, Elizabeth. *História dos povos indígenas*: 500 anos de luta no Brasil. Petrópolis: Vozes/Cimi, 1993. p. 89.

a) De acordo com o texto, antes de os portugueses chegarem ao Brasil, qual povo indígena já tinha dado nome à terra, aos rios e às lagoas?

_____

b) Qual foi o nome dado pelos portugueses ao lugar onde eles atracaram as caravelas? E ao primeiro monte que avistaram?

_____
_____

6 Descreva a caravela destacando as partes que tornaram essa embarcação tão importante naquela época.

_____
_____
_____

7 Elabore uma legenda para a imagem a seguir.

_____
_____
_____
_____
_____

8 A pintura a seguir representa portugueses aproximando-se das terras que seriam chamadas de Brasil.

Descobrimento do Brasil, óleo sobre tela de Aurélio de Figueiredo, 1899.

a) O acontecimento representado na pintura ocorreu em que ano?

_____

b) O artista produziu a pintura no mesmo ano do acontecimento representado? Explique.

_____

c) O artista presenciou o acontecimento representado? Como ele conseguiu reconstituir a cena?

_____
_____

Atividade divertida

Observe a ilustração e imagine que você é um viajante dos anos 1400 que vai para um novo lugar. Escreva uma carta contando a um amigo que ficou em seu país de origem como foi a sua viagem.

_____
_____
_____
_____
_____
_____
_____
_____
_____
_____

Instrumentos de navegação.

Alimentação.

Escolha do destino e da rota.

- Ilustre também o que você mais gostou de conhecer nessa viagem.

Tripulação.

Hora de embarcar.

UNIDADE 3
A formação do Brasil

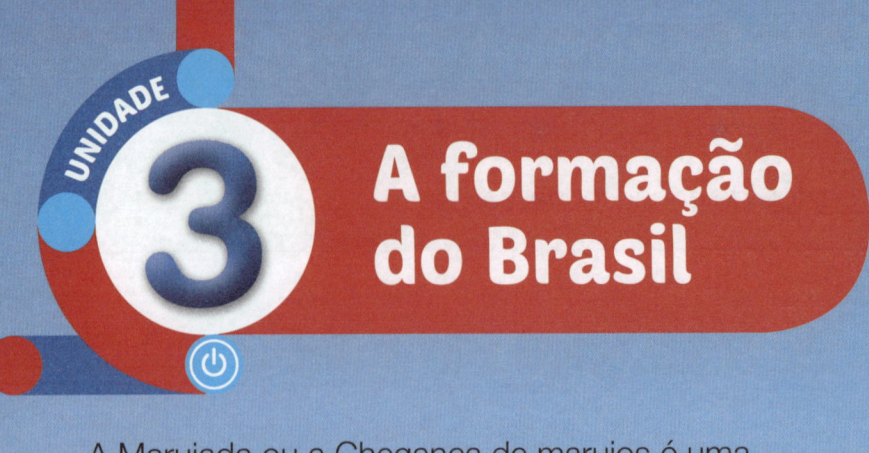

A Marujada ou a Chegança de marujos é uma encenação praticada apenas por homens (os marujos). A celebração em homenagem a um santo ou santa começa em canoas, acompanhada pelos espectadores que ficam nas margens do rio. Após o desembarque, os marujos seguem em cortejo, cantando e tocando pandeiros, em direção à igreja da comunidade.

Marujada no Quilombo Mangal e Barro Vermelho, município de Sítio do Mato, estado da Bahia, 2015.

Vamos conversar

O Rio São Francisco sempre foi local de passagem para várias regiões do Brasil. Às suas margens foram instaladas muitas fazendas de gado. Nos locais onde acontecem as marujadas, como Mangal e Barro Vermelho, na Bahia, cultiva-se a herança cultural dos escravizados que trabalhavam nessas fazendas associada às tradições católicas.

- Observe a imagem e converse com os colegas e com o professor sobre se as manifestações culturais brasileiras provêm apenas de uma origem ou de várias. Você conhece alguma?

CAPÍTULO 1 — Os povos indígenas

Quando os portugueses chegaram ao Brasil, encontraram vários povos e um território muito diferente do europeu. O desconhecimento e o estranhamento os levaram a criar ideias sobre o recém-alcançado continente. Nos relatos enviados a Portugal, os viajantes descreviam as paisagens do Brasil como exóticas, com frutos e vegetais desconhecidos, florestas densas e cheias de animais perigosos. Por causa da riqueza natural e do calor, o Brasil era descrito como "paraíso terrestre".

Os indígenas tinham hábitos diferentes daqueles dos europeus, como não usar vestimentas, possuir outro sistema de crença e viver da caça, da pesca e da agricultura de subsistência.

O estranhamento fez com que os portugueses considerassem os indígenas ora bondosos, ora selvagens. Essas representações dos nativos feitas pelos europeus eram formuladas com base no mundo que eles conheciam. Por isso, em muitas figuras, os indígenas são retratados com feições europeias. Os relatos dos viajantes portugueses foram usados por muitos artistas para produzir obras e cartas marítimas que circularam por muitos anos na Europa e reproduziam uma visão muitas vezes fantasiosa do Brasil e dos indígenas.

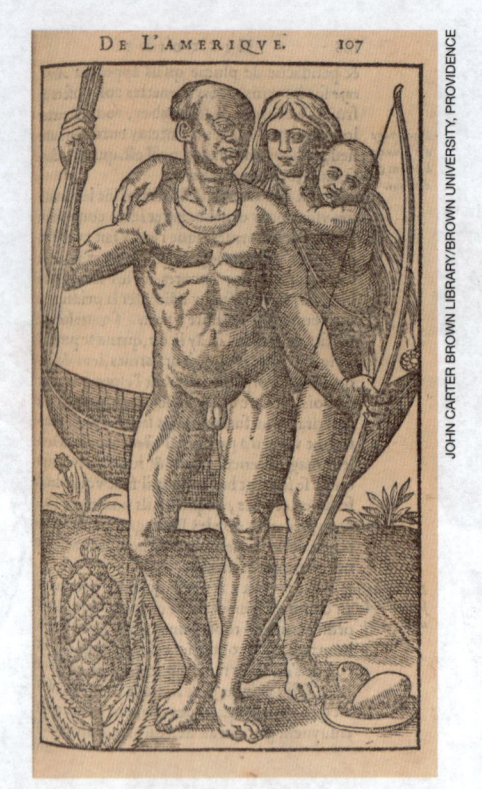

Tupinambás, gravura do livro *História de uma viagem feita à Terra do Brasil*, de Jean de Léry, Genebra, 1580.

Exótico: que não é nativo do lugar, diferente, estranho.

Detalhe de *Terra Brasilis*, um dos mapas do *Atlas Miller*, produzido pelos cartógrafos portugueses Lopo Homem, Pedro Reinel e Jorge Reinel, com ilustrações de António de Holanda, 1519.

1. Por que os europeus retratavam os indígenas de forma fantasiosa?

_____

_____

2. Observe o mapa feito em 1519 para responder às questões.

Versão integral de *Terra Brasilis*, um dos mapas do *Atlas Miller*, produzido pelos cartógrafos portugueses Lopo Homem, Pedro Reinel e Jorge Reinel, com ilustrações de António de Holanda, 1519.

a) Que momento o mapa está retratando? Essa imagem é uma representação real do Brasil ou imaginada pelos portugueses? Justifique.

_____

_____

_____

b) Faça uma descrição detalhada de como o Brasil e a população nativa são representados no mapa.

O encontro entre os Tupi e os portugueses

Em 1500, o território da Bahia era ocupado pelos **Tupi**. Eles não se chamavam índios. Esse nome foi dado pelos portugueses por achá-los semelhantes aos habitantes das chamadas Índias. Os Tupi viviam no litoral brasileiro, em aldeias com cerca de trezentos a dois mil habitantes. Além de caçar e pescar, cultivavam mandioca, milho, batata-doce, algodão, abacaxi, guaraná, pimenta, entre outros. O trabalho era dividido entre homens e mulheres e visava à subsistência. O calor e a proximidade de rios facilitavam os banhos frequentes e não havia necessidade de vestimentas para protegê-los do frio. Pintavam o corpo com tintas extraídas de frutos como o urucum e o jenipapo e usavam colares, brincos e pulseiras feitos de sementes e penas de aves. Além dos Tupi, outros povos, como os Guarani, os Botocudo, os Caingangue e os Tupinambá, viviam no litoral brasileiro.

Quando os portugueses chegaram, houve um estranhamento entre esses povos. Como não conheciam o território, no princípio, os portugueses tiveram de se adaptar aos costumes tupis. Eles fizeram alianças em busca de segurança, alimentação e facilidades para extrair o pau-brasil.

O pau-brasil era derrubado pelos indígenas e trocado por tecidos, facas e outros objetos. Mas eles se recusavam a cortar grandes quantidades da árvore, pois não entendiam a necessidade de lucro dos europeus. Isso gerou um conflito e os portugueses começaram a aprisionar os indígenas e explorar sua mão de obra, escravizando-os. Os portugueses intensificaram a colonização e começaram a impor seu modo de vida aos indígenas.

Árvore de pau-brasil localizada em praça do município de São Paulo, estado de São Paulo, 2017. Assim como as especiarias, o pau-brasil era muito valorizado na Europa. Além do uso da madeira para fazer móveis e instrumentos musicais, dela se extraía uma tinta usada para escrever e tingir tecidos.

3 Como eram os hábitos dos Tupi?

_____
_____
_____

4 Explique por que os portugueses precisaram se adaptar aos costumes indígenas.

_____
_____
_____

> Assim como acontece muitas vezes no estudo de História, é preciso analisar as situações de outra maneira, **ser flexível** e tentar outros caminhos para resolver um problema.

Crianças indígenas Guarani Mbyá brincando na região de Parelheiros, município de São Paulo, estado de São Paulo, 2010.

5 Observe a imagem e elabore um pequeno texto sobre as diferenças e as semelhanças entre seu modo de vida e o modo de vida de crianças indígenas.

_____
_____
_____
_____
_____
_____
_____
_____

O território indígena

Em 1500, a população indígena era de cerca de quatro milhões de pessoas, organizadas em mais de mil grupos étnicos, que ocupavam todo o território brasileiro. Com a colonização, as terras indígenas e a quantidade de povos nativos diminuíram muito. Os indígenas eram vistos pelos colonizadores como um "obstáculo" à ocupação das terras, pois resistiam ao processo de colonização criando estratégias, alianças e até guerras para defender o lugar em que viviam.

A partir de 1530, as terras indígenas do litoral brasileiro começaram a ser ocupadas pelos portugueses com o objetivo de extrair pau-brasil e instalar feitorias (que eram postos de troca, comércio e defesa) e engenhos de cana-de-açúcar. A abertura das matas para a exploração do pau-brasil, da cana-de açúcar e das minas de ouro obrigava os indígenas a migrar para outras regiões, retirando-os de seus territórios.

A partir de 1696, com a descoberta das primeiras minas de ouro, começou a exploração das terras indígenas na região onde hoje estão localizados os estados de Minas Gerais, Mato Grosso e Goiás. As terras indígenas foram ocupadas por pequenas vilas comerciais e comunidades religiosas católicas, que tinham o objetivo de converter os indígenas ao catolicismo: os aldeamentos jesuíticos. Com a ocupação do seu território, muitos indígenas fugiram para o interior das matas para evitar o aprisionamento e outros passaram a viver nos aldeamentos.

Após 1750, os portugueses começaram a ocupação dos chamados "sertões" do Brasil, sobretudo na região amazônica. Nos anos 1800, o cultivo de café nas regiões Sul e Sudeste e a construção de ferrovias expulsaram mais indígenas de suas terras.

O processo de colonização levou à extinção centenas de grupos indígenas e reduziu muito as áreas ocupadas por eles. Em 1823, o número de indígenas no Brasil não chegava a um milhão. Hoje, esse número é de oitocentos e dezoito mil indivíduos, distribuídos em trezentas e cinco etnias.

Guerrilhas, gravura do álbum *Viagem pitoresca através do Brasil*, de Johann Moritz Rugendas, Paris, 1835.

6 Por que os indígenas eram vistos pelos colonizadores como um "obstáculo"?

_____

_____

7 Observe a imagem para responder às questões.

Desmatamento de uma floresta, gravura do álbum *Viagem pitoresca através do Brasil*, de Johann Moritz Rugendas, Paris, 1835.

a) Descreva a imagem e o que ela está representando.

_____

b) Explique como essa atividade colaborou para diminuir o número de terras indígenas.

_____

_____

_____

Para ler e escrever melhor

> O texto a seguir apresenta **vários aspectos de um mesmo tema**, organizados em tópicos e sinalizados com um título.

De maioria a minoria

Quando os portugueses chegaram ao território que atualmente forma o Brasil, havia cerca de quatro milhões de indígenas. Ao longo do tempo, com o contato entre os dois povos, grande parte da população indígena foi morta.

- Muitos indígenas morreram por causa de doenças trazidas pelos portugueses, como a gripe, o sarampo e a varíola, pois o organismo deles não tinha defesas contra esses males.
- Diversos indígenas tornaram-se escravos dos portugueses, e muitos morreram por trabalhar em atividades forçadas.
- Na guerra pelo domínio das terras, outro grande número de indígenas morreu em combate contra os portugueses.
- Parte dos indígenas que sobreviveram teve de deixar as terras que ocupava e partiu em direção ao interior para fugir dos portugueses.

A garantia dos direitos indígenas

- De acordo com a lei, os indígenas são considerados os primeiros e naturais senhores da terra.
- Por isso, há leis que os protegem, garantem sua sobrevivência e a continuidade de seus modos de vida.

As escolas indígenas

No Brasil, leis garantem o ensino de línguas indígenas e a transmissão dos costumes desses povos.

- Em muitas aldeias, há escolas com professores indígenas habilitados.
- As crianças aprendem a língua e a cultura do seu povo e também a língua portuguesa.
- Para os indígenas, é importante saber português para entender os não indígenas e para defender os seus direitos.

Indígenas do grupo Kayapó na Escola Municipal Indígena do município de São Félix do Xingu, estado do Pará, 2016.

As terras indígenas

Os indígenas têm o direito de viver nas terras que tradicionalmente ocupam. Para garantir esse direito, existem locais demarcados, de uso exclusivo dos indígenas, chamados terras indígenas. Dessa forma, todas as riquezas naturais das terras em que vivem, como a madeira das árvores, os peixes, as plantas, os animais e os minérios, podem ser exploradas somente para a sobrevivência dos indígenas. Nem sempre, porém, é o que acontece. Todas essas riquezas atraem empresas e não indígenas interessados em explorá-las. Em muitos casos, ocorrem confrontos entre indígenas e não indígenas.

1 Em quantos temas o texto está dividido? Qual é o assunto principal comum a todos eles?

2 Do que trata cada um dos temas?

3 Escolha um assunto sobre o qual você saiba alguns aspectos: pode ser um jogo, um esporte, um programa, uma brincadeira ou outro de seu interesse. Escreva um texto dividido em, pelo menos, dois tópicos que abordem aspectos desse assunto.

CAPÍTULO 2 — A diáspora africana

A partir de 1550, milhares de homens e mulheres africanos foram trazidos para a América e obrigados a trabalhar como escravos. Esse processo é conhecido como diáspora africana. Apenas para o Brasil, entre os anos 1550 e 1850, vieram mais de quatro milhões de africanos.

Por muito tempo, existiu a ideia de que a África era um continente sem diversidade étnica e que os africanos que vieram para o Brasil pertenciam a um mesmo povo e não possuíam registros históricos. No entanto, a África é um imenso continente que abriga diversos povos e culturas diferentes. Os grupos mais numerosos foram os bantos, os iorubás e os malês.

No Brasil, os primeiros africanos vieram da região do **Golfo da Guiné**, onde hoje se localizam os países Guiné-Bissau, Costa do Marfim, Gana, Nigéria, Congo, Guiné, Angola e República Democrática do Congo. Nessa região viviam os povos iorubás e os bantos. Havia e há, portanto, muita diversidade, com estruturas sociais, culturais e linguísticas bastante diferentes umas das outras.

Pessoas do grupo Khoisan brincando em vila próxima do deserto Kalahari, Namíbia, 2015. Os Khoisan vivem hoje em pequenos grupos no sul da África e preservam parte de sua cultura caçadora, coletora e pastoril.

Os **reinos iorubás**, por exemplo, eram organizados em cidades com até vinte mil habitantes e tinham um comércio ativo com outros povos. Eles partilhavam costumes religiosos e culturais e falavam a mesma língua.

Os **reinos bantos** eram divididos em províncias administradas por chefes escolhidos pelo rei, a exemplo do reino do Congo, onde o rei governava junto a um conselho de nobres. Os membros do conselho exerciam diversas atividades, como a de fiscal e a de coletor de impostos.

Também vieram para o Brasil pessoas de outros povos, como os malês, que eram da cultura islâmica.

Ao chegarem ao Brasil, os indivíduos desses grupos eram separados, escravizados e vendidos como mercadoria. Além disso, tinham de viver em um lugar desconhecido, com pessoas que não falavam sua língua e tinham hábitos e costumes diferentes.

> **Cultura islâmica:** cultura caracterizada pela religião fundada por Maomé, que tem como base o livro sagrado *Corão*.
>
> **Diáspora:** dispersão de um povo em consequência de preconceito, conflito ou perseguição política.

1 Explique o que foi a diáspora africana. Qual foi a causa desse movimento?

_____
_____
_____

2 Por muito tempo, afirmou-se que os africanos que vieram para o Novo Mundo pertenciam a um mesmo povo. Explique por que essa afirmativa está errada.

_____
_____
_____

3 A imagem ao lado é de uma festa regional muito comum no Brasil: a congada. Você conhece ou já participou dessa festa? Pesquise em livros, *sites* e revistas e responda às questões.

Festa do Congo ou de Nossa Senhora de Fátima, município de Milagres, estado do Ceará, 2016.

a) Quais são as características dessa festa?

_____
_____

b) Em quais estados do Brasil ela acontece?

_____
_____

c) Qual é a relação dessa festa com a cultura dos povos africanos que vieram para o Brasil?

_____
_____

> **Atividade interativa**
> *O que você sabe sobre os povos africanos?*

O contato entre africanos e europeus

Vários mercadores europeus se interessaram em comprar e vender produtos na África. Eles levavam diversas mercadorias para ser comercializadas com os povos africanos, como tecidos da Índia, armas de fogo, bebidas e cavalos. Em contrapartida, buscavam na África ouro, marfim e africanos para serem vendidos como escravos.

A escravidão já existia na África antes da chegada dos europeus. Em algumas regiões da Europa, como na Itália e na Grécia, a escravidão também já havia sido praticada.

Na África, na maioria das vezes, uma pessoa poderia tornar-se escrava ao ser capturada como prisioneira durante uma guerra, ao não pagar dívidas ou ao cometer um crime.

A compra e a venda de escravos, porém, não eram frequentes. A chegada dos europeus modificou a prática da escravidão, transformando-a em uma atividade comercial de compra e venda de humanos.

Como o comércio de escravos era uma atividade muito lucrativa, comerciantes africanos e portugueses passaram a capturar pessoas para serem vendidas como escravas na América.

No momento em que eram comprados na África, os prisioneiros capturados tinham o corpo examinado para avaliar suas condições de saúde. Depois, eram embarcados nos navios negreiros em direção à América, onde trabalhariam nas grandes fazendas, na condição de propriedade de fazendeiros.

As condições nos navios eram péssimas: os africanos capturados viajavam amontoados em porões baixos e abafados, onde mal se podia ficar em pé, eram mal alimentados e recebiam castigos. Muitos não suportavam as duras condições, adoeciam e morriam durante a viagem.

Gravura de Theodore de Bry, fim do século XVI, representando trocas entre africanos e europeus em um ponto da costa africana.

Desembarque de escravos no Rio de Janeiro, litografia de Johann Moritz Rugendas, 1824.

4 Sobre o comércio entre europeus e africanos, responda.

a) O que os europeus buscavam na África?
_____
_____

b) Que produtos os europeus levavam para ser comercializados na África?
_____
_____
_____

5 Como era a escravidão na África:

a) antes da chegada dos europeus?
_____
_____

b) depois da chegada dos europeus?
_____
_____
_____

6 Observe a imagem e descreva as condições de viagem nos navios negreiros.

Ilustração atual representando interior de navio negreiro do século XVI.

O mundo que queremos

Ações afirmativas

A abolição da escravidão ocorreu no Brasil em 1888, mais de trezentos anos após seu início. Os africanos e afrodescendentes que foram libertados da escravidão não foram incorporados à vida social. Por muito tempo, eles não puderam frequentar escolas e ter acesso à educação. Essa exclusão social deixou marcas profundas. Em países onde houve escravização de africanos, como os Estados Unidos e o Brasil, têm sido adotadas **ações afirmativas** para tentar diminuir o impacto desse processo de desigualdade. Em 2000, o Brasil adotou o sistema de cotas raciais nas universidades. Leia a seguir a opinião da antropóloga Rita Segato sobre o assunto.

Cotas: por que reagimos?

O processo de reparação histórica é amplamente discutido no momento, e a oferta educativa é certamente uma das suas instâncias.

As cotas acusam, com sua implantação, a existência do racismo, e o combatem de forma ativa. Esse tipo de intervenção é conhecido como "discriminação positiva". A discriminação positiva constitui o fundamento das assim chamadas "ações afirmativas". As cotas são um tipo de ação afirmativa. A noção de "reparação", ou seja, o ressarcimento por atos lesivos cometidos contra um povo, e a noção de "compensação" pelas perdas ocasionadas são os conceitos que orientam e conferem sentido à implementação da medida. [...]

[...] É uma medida de emergência, ou seja, de impacto imediato, e estritamente direcionada para os estudantes negros pela sua posição singular e vulnerável em todos os níveis escolares. Seus efeitos e repercussões esperam-se no curto e médio prazo, modificando já, e de forma muito concreta, os destinos de jovens que hoje se encontram cursando o segundo grau.

SEGATO, Rita Laura. Cotas: por que reagimos? *Revista USP*, São Paulo, n. 68, p. 76-87, dez./fev. 2005-2006.

Segundo dados do IBGE, o número de jovens negros ou pardos que ingressaram nas universidades aumentou para 45,5% na última década, assim como cresceu o número de jovens vindos das camadas mais pobres da sociedade.

1. Explique o que são ações afirmativas.

Cartaz da III Conferência Nacional da Promoção da Igualdade Racial Democracia e Desenvolvimento Sem Racismo: Por um Brasil afirmativo, Brasília, Distrito Federal, 2013.

_____
_____

2. Que semelhanças entre Brasil e Estados Unidos levaram esses países a adotar ações afirmativas?

_____
_____

3. No Brasil, quais grupos sociais estão à frente de ações afirmativas? Por quê?

_____
_____
_____
_____

4. As políticas de ações afirmativas visam reparar essa falta de acesso à educação que perdurou por séculos. Qual é a sua opinião sobre essa reaparação?

_____
_____
_____
_____

CAPÍTULO 3 — Europeus

A partir dos anos 1530, os portugueses começaram a se estabelecer no território que mais tarde seria chamado de Brasil. O local já era habitado por indígenas, que tinham hábitos diferentes daqueles dos europeus. Esse contato trouxe desconfiança e hostilidade, mas também houve troca cultural, embora os europeus se considerassem superiores.

- Os portugueses adotaram o uso de instrumentos indígenas, como canoa, arco, flecha e tacape.
- Os portugueses incorporaram o milho, a mandioca e o amendoim à alimentação diária.
- Houve a união entre os habitantes da terra e os europeus; seus filhos eram chamados de mestiços ou mamelucos.
- Muitas vezes de maneira violenta, os portugueses impuseram sua religião e parte de sua moral e costumes por meio da catequização dos indígenas feita pelos padres jesuítas.

A colonização portuguesa começou, de fato, por medo de os estrangeiros tomarem as riquezas e pelo desejo de encontrar ouro e prata.

A colonização foi a forma utilizada pelos europeus para explorar territórios americanos. O país colonizador era chamado de **metrópole**, e o território explorado era a **colônia**. Esta devia fornecer mercadorias com muito valor e enriquecer a metrópole.

Portugal criou as capitanias hereditárias, que eram faixas de terra para organizar a administração e incentivar a ocupação do território por portugueses. Elas foram distribuídas a donatários, que eram nobres portugueses da confiança do rei.

Nos anos 1600, o governo português decidiu montar, no Brasil, engenhos e produzir açúcar, artigo muito valorizado na Europa naquela época.

Tanto com a exploração do pau-brasil quanto com o cultivo da cana-de-açúcar, durante o primeiro século de colonização a presença europeia permaneceu na costa brasileira.

Canoa indígena feita com um só tronco. Município de Dona Francisca, estado do Rio Grande do Sul, 2010.

1 Por que Portugal resolveu colonizar o Brasil?

_____
_____

2 Qual era a função da colônia em relação à metrópole?

_____
_____
_____

3 Escreva **V** para as afirmações verdadeiras ou **F** para as falsas.

☐ Todos os indígenas aceitaram a religião cristã e a catequização empreendida pelos jesuítas.

☐ Instrumentos e alimentos dos indígenas foram incorporados pelos portugueses e são um legado cultural desses povos à cultura brasileira.

☐ A relação entre portugueses e indígenas foi marcada por confrontos e trocas culturais.

☐ Os europeus recém-chegados eram chamados de mamelucos.

4 Leia o texto a seguir e responda por que o religioso compara os portugueses aos caranguejos.

Frei Vicente do Salvador (1564-1636), um religioso dos primeiros tempos da colônia, escreveu a seguinte frase sobre a presença portuguesa no Brasil durante o período: "Sendo grandes conquistadores de terras, não se aproveitam delas, mas contentam-se de as andar arranhando ao longo do mar como caranguejos".

_____
_____
_____
_____
_____

Franceses no Brasil

Os portugueses chegaram à Baía de Guanabara, na região da atual cidade do Rio de Janeiro, em 1502. Em 1555, os franceses também chegaram a esse local e se aliaram ao povo Tamoio para explorar o pau-brasil. Para conter esse avanço dos franceses, os portugueses decidiram expulsá-los e ocupar a região. Uma medida importante foi a fundação, em 1565, da cidade de São Sebastião do Rio de Janeiro. Foram construídas casas de colonos, um colégio jesuíta, uma igreja e prédios da administração pública portuguesa.

Você sabia?

Tamoio, em tupi, significa "os mais velhos", nome pelo qual eram conhecidos os indígenas do grupo Tupi, formado pelos Tupinambá, Guaianá e Aimoré. Ocupavam a costa brasileira desde o litoral norte de São Paulo até Cabo Frio, no Rio de Janeiro.

Em 1567, após batalhas navais e terrestres, os portugueses expulsaram os franceses da Baía de Guanabara e exterminaram a maioria do povo Tamoio.

Alguns franceses permaneceram no Brasil e se dirigiram ao Norte e ao Nordeste, travando contato e fazendo comércio com outros indígenas. Foram expulsos novamente em 1584 e retornaram em 1612, quando fundaram a cidade de São Luís do Maranhão. Três anos depois, voltaram a ser expulsos pelos portugueses.

Fundação da cidade do Rio de Janeiro, óleo sobre tela de Antônio Firmino Monteiro, século XIX. Essa pintura representa o momento da fundação de São Sebastião do Rio de Janeiro, que deu origem à atual cidade do Rio de Janeiro, em 1565.

Os holandeses e a produção de açúcar

O açúcar produzido no Brasil era levado pelos portugueses para a Europa e vendido aos holandeses. Na Europa, os holandeses refinavam o açúcar e o revendiam a preços muito mais altos.

Para aumentar os lucros e obter açúcar diretamente do Brasil, os holandeses ocuparam diferentes regiões do Nordeste. Em 1624 e 1625, conquistaram Salvador e, em 1630, conseguiram tomar Olinda e Recife.

Engenho com rodas movidas pela água, desenho de Frans Post, 1640.

Em 1637, os holandeses nomearam Maurício de Nassau governante de Pernambuco. Ele ordenou a construção de canais, escolas, teatros e da primeira ponte do Brasil. Também fez alianças e intermediou empréstimos para os senhores de engenho, para que realizassem melhorias nas fazendas. Após vários desentendimentos com o governo da Holanda, Nassau pediu demissão em 1644 e deixou o Brasil. O governo holandês começou a cobrar os empréstimos feitos aos senhores de engenho, que ficaram descontentes e se aliaram de novo a Portugal. Assim, após muitos combates contra os holandeses, os portugueses reconquistaram Pernambuco.

Os holandeses foram expulsos do Brasil em 1654 e começaram a produzir açúcar em suas colônias nas Antilhas (ilhas que se localizam na América Central). O açúcar holandês era vendido na Europa por um preço menor que o do açúcar fabricado no Brasil. Portugal não conseguiu superar a concorrência holandesa, e a produção e a exportação de açúcar entraram em declínio.

Como as pessoas faziam para...

Tomar banho e fazer a higiene pessoal

Quantos banhos você costuma tomar por dia? A maioria das pessoas toma ao menos um, certo? Mas nem sempre foi assim. Há mais de 500 anos, por exemplo, os portugueses nem tomavam banho diariamente. Os hábitos de higiene mudaram muito com o passar do tempo. Acompanhe como isso ocorreu no Brasil.

Ao acordar, as pessoas lavavam o rosto e as mãos em uma bacia.

Há cerca de 170 anos, o banho de corpo inteiro era feito em uma tina, que ficava no quarto. Mas esse banho só ocorria uma vez por semana. Nos outros dias era feito banho de asseio ou lavagem dos pés antes de dormir.

Na época em que os portugueses chegaram ao Brasil, eles não tomavam banho diariamente, mas apenas uma ou duas vezes por ano! Por isso, ficaram espantados com o costume indígena de se banhar no rio várias vezes ao dia.

Hoje os brasileiros tomam um ou mais banhos por dia, seguindo o costume herdado dos indígenas.

O JORNAL DO RIO
População do Rio de Janeiro sofre com doenças

Com a vinda da Corte portuguesa para o Brasil, em 1808, as pessoas mais ricas passaram a usar sabonetes caseiros, perfumes, produtos para barbear e para os cabelos, imitando os hábitos da realeza.

O chuveiro elétrico passou a ser usado no Brasil na década de 1950, mas poucas pessoas podiam usufruir dele. Isso porque era necessário ter energia elétrica nas casas, o que não era tão comum. As pessoas que não tinham eletricidade esquentavam a água no fogão para tomar banho quente.

Até cerca de 75 anos atrás, a pasta de dente era feita da mistura de areia com alguma erva ou de cinzas com água. E nada de escova: as pessoas usavam os dedos.

Atualmente, a higiene pessoal envolve o uso de cosméticos. É possível encontrar xampus, condicionadores, sabonetes e cremes feitos especialmente para as crianças.

ILUSTRAÇÕES: DIOGO SAITO

1 Circule de vermelho, verde ou azul na ilustração as situações, de acordo com a legenda.

- 🟥 Banho de corpo inteiro.
- 🟩 Banho diário.
- 🟦 Banho com água quente.

• Qual foi a única situação que você circulou três vezes?

_____

2 O hábito de tomar banho todos os dias foi herdado de quem?

☐ Indígenas.　　　☐ Portugueses.

CAPÍTULO 4 — A população brasileira

A experiência colonial possibilitou o encontro entre três diferentes povos de formações culturais distintas: os indígenas, que já habitavam as terras brasileiras; os europeus, que colonizaram a região; e os africanos, trazidos como mão de obra escrava. Somos, portanto, um povo com costumes mesclados, tanto em termos étnicos como culturais.

> **Heterogeneidade:** diversidade, diferença.
>
> **Homogêneo:** igual, uniforme.

É muito difícil, entretanto, conhecermos em detalhes os graus de contribuição, pois cada um desses povos já apresentava, por si só, grande heterogeneidade. "Indígena", por exemplo, é apenas uma expressão genérica para designar uma grande diversidade de povos, como Kaiapó, Yanomami, Bororo, entre outros.

Os portugueses, por sua vez, também tinham influências diversas, como a dos árabes, que dominaram por séculos a Península Ibérica.

Essa diversidade era igualmente uma realidade entre os africanos, que podiam pertencer a diferentes troncos linguísticos e étnicos, como o iorubá ou o banto.

Assim, nenhum desses três grupos – portugueses, indígenas e africanos – pode ser considerado homogêneo em sua origem.

Também já vimos que entre os europeus que vieram para o Brasil no período colonial estavam, além dos portugueses, os franceses e os holandeses, que deixaram suas marcas na história do país.

Cada um desses povos contribuiu para que a cultura brasileira se diversificasse ao longo do tempo. Isso mostra que a cultura de um povo está em constante mudança, dependendo das influências que recebe.

Público durante o show do grupo Racionais MCs, durante a Virada Cultural, estado de São Paulo, 2013.

1 Releia o texto e ligue cada palavra ao seu significado.

> **Vá com calma**, leia atentamente cada opção nas duas colunas, volte ao texto, pergunte, consulte, controle o impulso de ligar as palavras.

Heterogêneo — Misturado, combinado, miscigenado; a união de vários elementos.

Diversidade — Igual, uniforme.

Homogêneo — Variedade, multiplicidade, diferentes entre si.

Mesclado — Diverso, diferente.

2 Assinale **V** para as sentenças verdadeiras e **F** para as falsas.

☐ A fundação de São Luís do Maranhão, em 1612, é uma marca da presença francesa no Brasil.

☐ Os portugueses não foram os únicos povos europeus a se instalar no Brasil no período colonial. Os holandeses também ocuparam parte da Região Nordeste.

☐ Os portugueses foram o único povo europeu presente no Brasil no período colonial.

3 Elabore e registre em seu caderno um pequeno texto sobre a frase a seguir.

> A população brasileira é heterogênea e se constitui do encontro de diferentes culturas e povos, como os indígenas, os africanos e os europeus.

Costumes brasileiros

A cultura de um povo é composta, entre outros fatores, dos costumes das populações que o formam. Como já foi possível observar, a população brasileira tem sua origem no encontro de diferentes povos, como os indígenas, os africanos e os europeus. Esses povos influenciaram a cultura brasileira com suas tradições, seu modo de pensar e de se expressar.

- Dos povos indígenas, por exemplo, vem o nosso costume de tomar banho diariamente e também de consumir alguns alimentos feitos à base de mandioca, milho e amendoim.

Cesto feito pelo povo indígena Yanomami, município de Barcelos, estado do Amazonas, 2017.

- Os africanos contribuíram para a formação da nossa cultura em muitos aspectos, como o religioso, por meio do candomblé e da umbanda. Além disso, o português falado no Brasil traz diversas palavras de origem africana, principalmente da língua banto, como cafuné, batuque e banguela.

- As heranças portuguesas para a cultura brasileira são principalmente a língua, as estruturas sociais, a culinária e a confeitaria à base de ovos e açúcar.

Jogo de capoeira durante Festa de Cultura Afro no Dia da Consciência Negra, município de Araruama, estado do Rio de Janeiro, 2015.

As cantigas de roda são um legado da presença portuguesa. Município de São Paulo, estado de São Paulo, 2013.

4 Os africanos escravizados trouxeram elementos de sua cultura, mesclando-os a elementos das culturas portuguesa e indígena. Faça uma pesquisa sobre brincadeiras, comidas e palavras de origem africana e preencha o quadro a seguir.

Brincadeiras	Comidas	Palavras

5 Escolha uma das brincadeiras de origem africana que você pesquisou e descreva-a nas linhas a seguir.

_____
_____
_____
_____
_____

6 Numere as afirmações de acordo com as imagens e legendas.

Indígena deitada em rede, município de Serra do Tumucumaque, estado do Amapá, 2015.

Meninas Bororo usando pilão, município de Meruri, estado de Mato Grosso, 1934.

Pamonha é um alimento de origem indígena feito de milho ralado.

☐ Uso do pilão de madeira para processar alimentos.

☐ Hábito de comer alimentos à base de milho, como a pamonha.

☐ Costume de descansar em redes.

Línguas do Brasil

A língua mais falada no Brasil é o português, mas contabilizam-se mais de duzentas e cinquenta línguas faladas por povos indígenas de diferentes etnias.

No início da colonização, eram cerca de trezentas e quarenta as línguas indígenas faladas no território que atualmente chamamos de Brasil. A necessidade de comunicação cotidiana fez com que os colonizadores aprendessem algumas línguas indígenas. Nos duzentos primeiros anos de colonização, foi adotada a língua geral paulista, variação da língua tupi entendida e falada por portugueses e indígenas ao longo de toda a costa brasileira. No Maranhão, no Pará e no Vale Amazônico, era falada a língua geral amazônica ou *nheengatu*, e na região oeste do atual Paraná e nas margens do Rio Uruguai era falado o guarani.

A principal razão da ampla difusão das línguas gerais foi a facilidade que isso dava aos religiosos para catequizar os indígenas.

Embora a língua portuguesa seja hoje amplamente adotada, isso não foi um padrão ao longo de toda a história do Brasil. Havia outras línguas de origem europeia que também eram faladas na época da colonização, como o espanhol, o francês e o holandês.

Catecismo da doutrina cristã, escrito em língua geral indígena e composto pelo padre Luis Vincencio Mamiani, 1698.

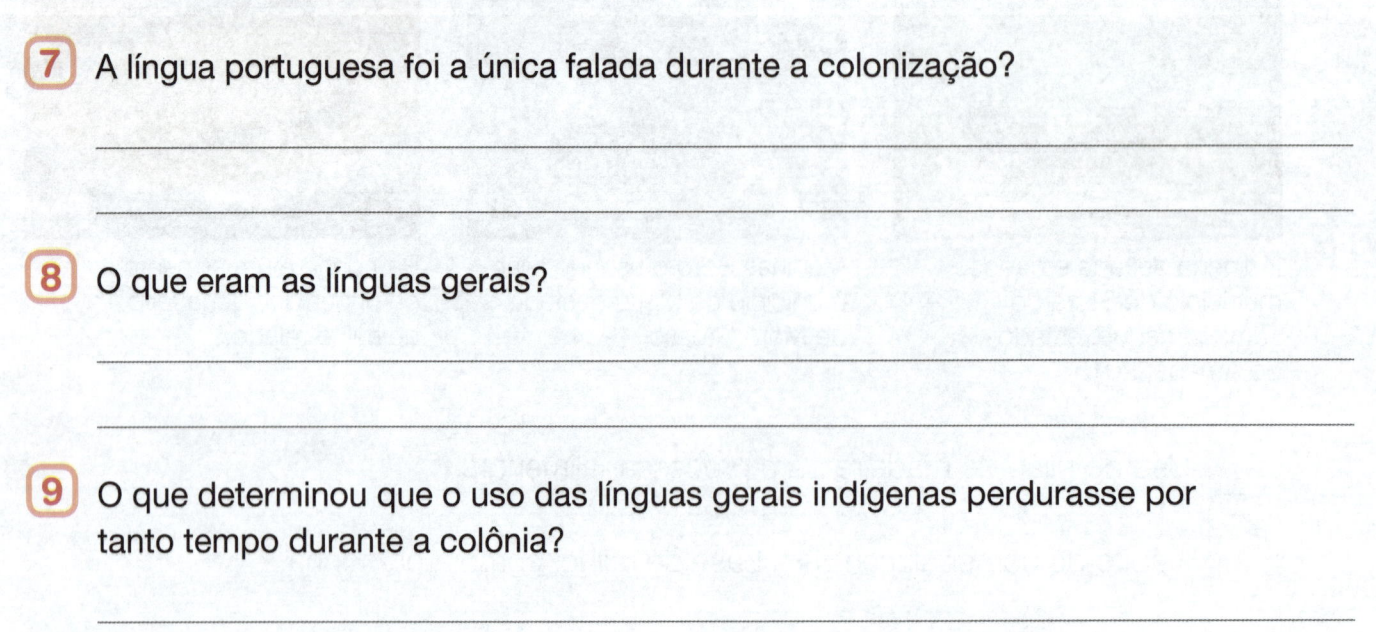

7 A língua portuguesa foi a única falada durante a colonização?

8 O que eram as línguas gerais?

9 O que determinou que o uso das línguas gerais indígenas perdurasse por tanto tempo durante a colônia?

Nheengatu, banto e português

No século XVIII (anos 1700), o governo de Portugal, querendo administrar de modo mais presente a colônia, resolveu investir na disseminação da língua portuguesa, impondo seu uso nas escolas, em documentos e locais públicos. No Norte do Brasil, onde prevalecia o *nheengatu*, houve maior resistência à adoção do português.

Se as línguas indígenas foram amplamente adotadas pelos portugueses, o mesmo não aconteceu com as línguas africanas. Foram vários os grupos africanos trazidos para o Brasil, e eles falavam línguas diversas. Para evitar que se unissem contra os senhores, houve preferência dos colonos europeus por não concentrar as pessoas escravizadas da mesma origem em um só local, o que contribuiu para dispersar a cultura linguística dos africanos. Os quilombos, por exemplo, que eram abrigos construídos por escravizados fugidos, foram locais de preservação e prática de várias línguas africanas. Apesar dessa reação dos portugueses, muitas palavras das línguas africanas foram incorporadas à língua portuguesa falada no Brasil.

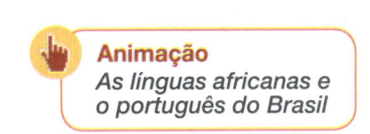

Animação
As línguas africanas e o português do Brasil

Capa do livro "Falares africanos na Bahia - Um vocabulário Afro-Brasileiro", de Yeda Pessoa de Castro, Editora Topbooks

10 Quando e por que os colonizadores decidiram impor a língua portuguesa como idioma preferencial?

_____

_____

_____

11 Como os colonizadores fizeram para impor a língua portuguesa como idioma preferencial?

_____

_____

O que você aprendeu

- A sociedade brasileira foi formada por diversos grupos étnicos, que tinham culturas e costumes diferentes.
- Em 1500, existiam cerca de quatro milhões de indígenas no Brasil. O processo de colonização levou ao desaparecimento de muitos deles.
- Os africanos que vieram para o Brasil durante a diáspora pertenciam a várias culturas, como a Banto e a Iorubá.
- A ocupação do território brasileiro pelos portugueses se restringiu ao litoral no primeiro século de colonização.
- Outros povos europeus (entre eles, franceses e holandeses) tiveram interesse no território que hoje chamamos Brasil.

1 Cite três fatores que contribuíram para a diminuição do território e do número de povos indígenas no Brasil.

_____

_____

2 Com base no que você viu no primeiro capítulo desta unidade, elabore um desenho para representar o encontro entre os Tupi e os portugueses. Use lápis de cor, caneta hidrográfica e giz de cera para colorir sua ilustração.

3 Encontre no diagrama as respostas para as questões.

Q	Z	P	O	U	S	L	F	F	Ç	N	G	Q	U	B
P	R	E	I	N	O	*	D	O	*	C	O	N	G	O
Q	Q	U	O	B	I	D	I	Á	S	P	O	R	A	M
F	Ç	R	R	A	Q	Z	G	A	A	G	T	V	X	W
C	O	A	U	B	O	R	A	R	G	B	A	N	T	O
Y	L	Q	B	E	M	A	L	Ê	S	A	U	S	Q	Z
S	V	Y	Á	Y	X	X	D	U	O	I	S	M	N	O
X	D	U	T	A	N	S	M	E	R	Q	B	E	Y	W
U	G	O	L	F	O	*	D	A	*	G	U	I	N	É
T	W	J	T	A	U	S	A	A	A	N	G	O	L	A

a) Região de onde vieram os primeiros africanos para o Brasil.
_____

b) Processo de migração forçada da África para a América.
_____

c) Viviam em sociedades organizadas com até vinte mil pessoas e praticavam o comércio com outros povos. _____

d) Seus reinos eram divididos em províncias administradas por chefes escolhidos pelo rei. _____

e) A congada é uma festa inspirada na coroação de seu reino.
_____

f) Atual país de onde foram trazidos diversos povos africanos no século XVI (anos 1500). _____

g) Grupo africano trazido ao Brasil para ser escravizado e que era da cultura islâmica. _____

4 Qual era a relação entre a metrópole e a colônia?

_____
_____
_____

5 Observe a imagem e faça uma lista de todos os elementos que conseguir identificar. Compare sua lista com a de seus colegas e veja se há alguma coisa que você não percebeu.

_____
_____
_____
_____
_____
_____
_____
_____
_____
_____

Mulher mameluca (mestiça), óleo sobre tela de Albert Eckhout, 1641.

- Você imagina que, no momento da pintura, todos os aspectos retratados nesse quadro estavam presentes em frente ao pintor para que ele executasse sua obra? Escreva um pequeno texto refletindo sobre as razões de ele ter juntado todos esses elementos em um mesmo quadro e tente imaginar que mensagem ele queria transmitir.

6 Reúna-se com dois ou três colegas e imaginem que estão em outro planeta e querem mandar uma mensagem para a Terra descrevendo o que viram por lá (animais e vegetais). Façam esse registro por meio de desenhos e de uma carta descritiva.

_____

7 Sobre as línguas africanas no período colonial, responda.

a) A política dos colonizadores com relação às línguas africanas foi a mesma que adotaram para as línguas indígenas?

_____

b) Como os quilombos ajudaram na preservação das línguas africanas?

_____

Atividade divertida

Volta à cidade de um proprietário de chácara, de Jean-Baptiste Debret, século XIX.

Engenho de Itamaracá, de Frans Post, 1647.

Observe as imagens. Elas retratam diferentes momentos da história do Brasil, mas estão fora da ordem cronológica. Escreva ao lado de cada quadro os números de 1 a 5 para colocá-los na sequência correta dos acontecimentos.

Atenção: Não é a data da pintura que deve contar, mas a do tema retratado.

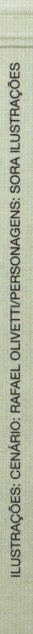

Derrubada do pau-brasil, ilustração do frei André Thévet.

O quadro de Victor Meirelles retrata a *Primeira missa no Brasil*, que Pedro Álvares Cabral teria mandado rezar em 1500 para marcar a tomada de posse dessas terras.

Independência ou morte foi feito por Pedro Américo em 1888 e retrata a emancipação do Brasil, em 1822.

111

UNIDADE 4
Migrações no Brasil

Apresentação de tambores japoneses na Festa do Imigrante, município de São Paulo, estado de São Paulo, 2014.

Vamos conversar

A palavra migração diz respeito ao deslocamento de pessoas de uma região para outra. Esses movimentos permitem o contato entre inúmeras culturas, formas de viver e de conviver.

1. O que é retratado na imagem? A cultura de qual nacionalidade é representada na fotografia?
2. No lugar em que você vive existem costumes e influências de diferentes tradições? Se sim, quais?

CAPÍTULO 1 — Imigração no Brasil

Multimídia
Imigração no Brasil

Durante o período colonial, quando o Brasil esteve sob o domínio de Portugal, entre os anos 1500 e 1822, a presença de portugueses na colônia era expressiva. Além deles, franceses, holandeses e europeus de diferentes nacionalidades, ligados especialmente ao comércio, também se estabeleceram no país. Nesse mesmo período, cerca de 5 milhões de pessoas do continente africano, provenientes principalmente de Angola, Moçambique e Golfo de Benin (sudoeste da atual Nigéria), foram escravizadas e trazidas ao Brasil. Os africanos foram empregados como mão de obra nas principais atividades econômicas da história brasileira: na produção de cana-de-açúcar, no ciclo do ouro e mais tarde na produção de café.

Em 1822, o Brasil se tornou independente de Portugal e, desse modo, a metrópole deixou de exercer controle sobre o território colonial. Em certa medida, isso favoreceu a entrada de pessoas de outras nacionalidades no país.

A campanha abolicionista (que exigia o fim da escravidão), a pressão internacional pelo fim do tráfico de escravizados e a resistência das pessoas escravizadas contribuíram para o fim do regime escravista em 1888. Assim, novas relações de trabalho foram criadas com o uso de mão de obra livre e assalariada na lavoura. Esse trabalho passou a ser desempenhado por imigrantes de origem europeia que chegaram ao Brasil por meio de viagens incentivadas por proprietários de terras e pelo governo.

Essa mudança ocorreu gradativamente e, ex-escravizados e imigrantes, trabalharam juntos por muito tempo e em diversos lugares.

Os emigrantes, de Antonio Rocco, óleo sobre tela, 202 × 131 cm, 1910.

Imigração e cultura do café

Para aumentar a produção agrícola, sobretudo a do café, que passou a ser o principal produto de exportação do país a partir de 1830, e com o declínio do sistema escravista, o governo brasileiro moveu uma campanha para atrair trabalhadores estrangeiros. Entre os anos de 1870 e 1930, mais de 3 milhões de pessoas de origens diversas, como alemães, italianos, espanhóis, japoneses e árabes, chegaram ao país.

Entusiasmados com a propaganda imigratória e provindos de locais onde ocorriam sérios conflitos, problemas econômicos e escassez de alimentos, os imigrantes viajaram de terras distantes para o Brasil, atuando, no início, como trabalhadores rurais. Entretanto, muitos encontraram também uma vida difícil: nem sempre recebiam corretamente os seus pagamentos ou os lotes de terra prometidos, os contratos muitas vezes não eram cumpridos, e eram submetidos a desgastantes jornadas de trabalho.

1 Quais as principais razões da imigração para o Brasil?

_____
_____

2 Observe a imagem a seguir e responda à questão.

O descanso no cafezal, de Mara D. Toledo, óleo sobre tela, 2013.

- Quem são e o que estão fazendo as pessoas retratadas na pintura? Como elas são representadas?

_____
_____
_____
_____

Travessia para o Brasil

Os imigrantes que chegaram ao Brasil a partir de 1870 eram atraídos por campanhas imigratórias que prometiam melhores condições de vida, o que nem sempre era verdade.

As viagens até o Brasil eram cansativas. Muitas vezes os imigrantes tinham que viajar da sua cidade, no interior do país, até os portos onde iriam embarcar em navios. Então, começava a longa e difícil travessia. Em muitos casos, o governo e os proprietários de terras financiavam as passagens, que deveriam ser pagas com o trabalho nas lavouras. As condições de viagem eram péssimas: muitas pessoas dividiam um pequeno espaço nos porões dos navios e ficavam submetidas a condições de higiene e de alimentação precárias.

Desembarque de imigrantes no porto de Santos, estado de São Paulo, 1907.

Muitos imigrantes tinham a intenção de trabalhar temporariamente no Brasil, juntar algum dinheiro e voltar para a terra de origem. Mas raramente isso era possível, pois, aqui chegando, tinham que trabalhar para pagar as despesas da viagem. Isso gerava uma situação de dependência. Como não tinham dinheiro, também faziam dívidas nos armazéns das fazendas onde trabalhavam, para obter artigos de primeira necessidade, como alimentos e roupas.

Você sabia?

Imigração e propaganda

Na revista *O Immigrante*, os textos eram publicados em italiano, francês, alemão, inglês e árabe, pois tinham essas populações como público-alvo. O estado de São Paulo recebeu um grande número de imigrantes. Observe como ele é representado na capa da revista. A proporção do espaço ocupado por esse estado não corresponde ao tamanho real do território. Ele foi representado dessa maneira para passar a impressão de que havia muitas terras disponíveis.

Capa da revista *O Immigrante*, ano I, nº 1, jan. 1908.

3. Observe a imagem e leia a legenda. Em seguida, responda às questões.

> Se você fez uma pergunta, mas não ficou satisfeito com a resposta, repita o **questionamento** de outras maneiras até obter uma resposta que esclareça as suas dúvidas.

Cartaz de propaganda para atrair imigrantes italianos para o Brasil. Nele se lê, em italiano: "Na América. Terras no Brasil para os italianos. Navios partindo toda semana do porto de Gênova. Venham construir seus sonhos com a família. Um país de oportunidades. Clima tropical e abundância. Riquezas minerais. No Brasil vocês podem ter o seu castelo. O governo dá terras e ferramentas para todos".

a) Qual é a mensagem da propaganda sobre o Brasil?

_____
_____

b) A propaganda descreve corretamente o que os imigrantes encontraram ao chegar ao Brasil? Por quê?

_____
_____
_____
_____

4. Muitos aspectos culturais brasileiros receberam influência das comunidades de imigrantes. A culinária é um exemplo. Em grupo, escolham uma nacionalidade de imigrantes e pesquisem sobre um prato típico dessa nação que se tornou popular no Brasil. Cada grupo deverá apresentar para a turma o alimento escolhido, a nacionalidade de origem e a importância desse alimento para a cultura de seu povo.

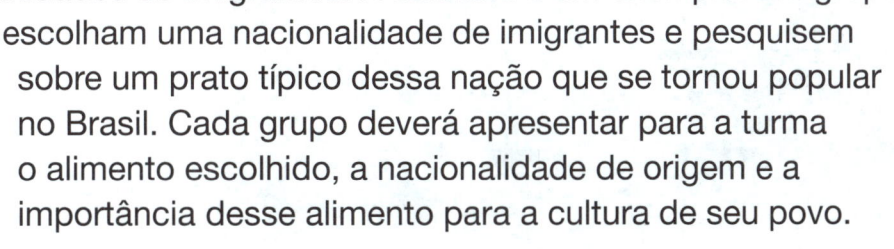

Para ler e escrever melhor

O texto a seguir aponta algumas **diferenças** entre as condições de vida e trabalho dos imigrantes nas lavouras de café da região Sudeste e nas colônias estabelecidas no Sul do Brasil no século XIX.

Colônias de imigrantes

O fluxo migratório da Europa para o Brasil se intensificou a partir de 1845. Além dos estados de São Paulo e Rio de Janeiro, os atuais estados do Rio Grande do Sul e Santa Catarina também receberam um grande número de imigrantes europeus, em sua maioria alemães e italianos.

No Rio Grande do Sul, inicialmente, o governo distribuiu terras gratuitamente para esses trabalhadores e depois, os lotes passaram a ser apenas vendidos. Diferente do que acontecia na região Sudeste, onde os imigrantes substituíram a mão de obra escrava em latifúndios de café, no Sul do país, os imigrantes tomaram posse de pequenas propriedades com o objetivo de praticar a agricultura de base familiar, produzindo diversos alimentos para os centros urbanos (milho, feijão, batata etc.). Com isso, surgiram colônias criadas pelo governo e também por particulares.

Nos primeiros meses os colonos enfrentaram muitas dificuldades por causa da falta de recursos. Não havia estradas para chegar a estes locais, o transporte era feito por animais e, antes das primeiras colheitas, a alimentação era insuficiente. Com o tempo, passaram a produzir o que precisavam para sobreviver e o excedente da produção era vendido nas cidades. Além da agricultura e da pecuária, desenvolveram pequenas industrias artesanais, produzindo, por exemplo, queijo, salame, móveis, tecidos e instrumentos de trabalho. Desse modo, os colonos do Sul desenvolveram um modo de vida diferente dos trabalhadores assalariados do Sudeste.

Família italiana na colônia Dona Isabel, onde hoje se localiza o município de Bento Gonçalves, estado do Rio Grande do Sul, anos 1920.

1 Escreva CO para as características da colonização no Sul do Brasil e LA para as características da lavoura cafeeira no Sudeste.

☐ Pequena propriedade.

☐ Agricultura voltada à exportação.

☐ Monocultura.

☐ Produção de alimentos para centros urbanos.

☐ Agricultura familiar.

☐ Trabalho assalariado.

☐ Substituição de mão de obra de escravizados.

☐ Grande propriedade.

☐ Produção de subsistência.

☐ Produção de diversos alimentos.

2 Quais as dificuldades encontradas pelos imigrantes que foram encaminhados ao Sul do Brasil?

_____
_____
_____
_____

3 Imagine que você e sua família foram para outro país e enumere o que você imagina que seriam as principais dificuldades encontradas por vocês.

_____
_____
_____
_____
_____
_____
_____
_____

CAPÍTULO 2 — Diversidade de povos e costumes

O deslocamento das populações contribui para intensas trocas entre povos diversos. A riqueza cultural de cada povo inclui seus próprios hábitos e também aqueles adquiridos dos grupos com os quais teve contato ao longo do tempo. No Brasil, por exemplo, adquirimos hábitos das populações indígenas originárias, dos portugueses, dos africanos e de italianos, japoneses, alemães, árabes, entre outros.

A pluralidade de costumes é evidente em nossa vida cotidiana: na culinária, nas vestimentas, na arquitetura, no idioma, nas músicas e nas religiões. Para os novos habitantes que chegavam, manter os costumes do local de origem era uma forma de preservar a identidade, isto é, de sempre lembrar de onde tinham vindo e quem eram seus ancestrais. Desse modo, as pessoas podiam se sentir mais unidas e menos excluídas; afinal, existia também discriminação pelas diferentes maneiras de viver.

1 Observe as fotos e as legendas. Depois, responda às questões.

Vendedora de *akará* em Kajuru, estado de Kaduna, Nigéria, no continente africano, 2012. O *akará* é um bolinho feito de feijão-fradinho e frito em azeite de dendê.

Baiana vendendo acarajé em Salvador, estado da Bahia, 2010. O acarajé é uma massa feita de feijão-fradinho e frita em azeite de dendê.

a) Em quais locais esses alimentos são vendidos?

_____

b) Explique a semelhança entre esses dois alimentos.

_____
_____

Imigração e identidade

Os italianos tiveram papel dominante nas imigrações que aconteceram entre os anos de 1800 e 1900 no Brasil. Esse grande grupo utilizou uma das formas mais comuns para a preservação da identidade, que é a realização de festas populares religiosas dedicadas aos santos de seus locais de origem. Nelas, ainda hoje em dia, descendentes dos imigrantes vestem roupas tradicionais e preparam pratos típicos, mantendo hábitos da Itália que foram trazidos por seus antepassados.

Apresentação de dança e música de grupo folclórico italiano em Festa do Imigrante. Município de São Paulo, estado de São Paulo, 2017.

Você sabia?

Preservação cultural: o idioma pomerano

A Pomerânia se localizava entre o norte da Alemanha e da Polônia. Há mais de 150 anos, muitas pessoas dessa região migraram para o Brasil, estabelecendo-se nos estados do Espírito Santo, Rio Grande do Sul e Santa Catarina. Com as guerras frequentes que ocorreram na Europa, a cultura pomerana perdeu muitas de suas características. No entanto, ela ficou preservada no Brasil, de modo que a língua pomerana (que não existe mais na Europa) é, ainda hoje, falada em algumas cidades do país.

Festa Pomerana no município de Santa Maria de Jetibá, Espírito Santo, 2016. O pomerano recebeu o título de língua co-oficial da cidade e é ensinado em muitas escolas.

2. Quais povos influenciam os costumes na cidade em que você vive? Cite alguns exemplos de tradições relacionadas à diversidade cultural.

_____

_____

_____

Preservação da diversidade cultural

Muitos imigrantes preservaram sua cultura e identidade ao manter, no Brasil, os hábitos de seus locais de origem. Com o tempo, em maior ou menor intensidade, os costumes dos imigrantes misturaram-se aos dos brasileiros.

Em Santa Catarina, as mulheres descendentes de imigrantes açorianos realizam a prática artesanal da renda de bilro, cuja técnica é passada de mãe para filha. Hoje, o costume tradicional da renda, ainda praticado em muitas comunidades do Brasil, corre o risco de se perder, pois a compra de artigos industrializados é mais frequente que a de artesanais.

A variedade e a riqueza culinária do Brasil são produto da mistura de sabores vindos de diferentes lugares do mundo. Os pratos feitos com massas à base de trigo, por exemplo, passaram a ser muito mais consumidos no país por causa dos italianos. Os alemães trouxeram o gosto pelos embutidos, como a salsicha e a linguiça, e os japoneses trouxeram pratos como o *sushi*, o *sashimi* e o molho *shoyu*.

Rendeira fazendo renda de bilro, município de Florianópolis, estado de Santa Catarina, 2013. Essa técnica chegou ao Sul do Brasil por meio da imigração açoriana.

Açoriano: natural das ilhas dos Açores.

Você sabia?

Uma das versões sobre a origem do pastel diz que esse alimento é uma adaptação dos rolinhos primavera chineses e que foi inventado por imigrantes chineses que viviam em São Paulo por volta de 1900. Contudo, foram os japoneses que popularizaram a produção e o consumo do pastel, abrindo pastelarias em vários lugares do Brasil a partir do final dos anos 1940.

3 Leia a seguir o trecho da carta de um imigrante de origem alemã recém-chegado a uma colônia no estado do Rio de Janeiro e responda às questões.

Colônia Santa Justa, 24 de junho de 1852

Caros amigos! Estamos no momento em pleno inverno, mas podemos ainda andar descalços [...]. Para a minha família foram dados 2000 pés de café [...]. Cada pai de família possui uma casa com 3 cômodos e uma cozinha. Sobre o nosso ganho ainda não posso escrever muito a respeito; mas o nosso senhor [patrão] [...] garante que quem for em certa medida fiel conseguirá dentro de 2 anos quitar as suas dívidas. [...] Uma igreja e uma escola para as nossas 3 colônias estão sendo construídas. [...] Com lágrimas de felicidade [...], termino aqui e desejo a vocês todos tudo de bom na vida.

Fazenda Santa Justa, município Rio das Flores, Rio de Janeiro, 2016. A sede da fazenda deu nome à colônia de imigrantes.

Quitar: ficar livre, pagar.

Georg Ludwigstadt. In: ALVES, Débora Bendocchi. Cartas de imigrantes como fonte para o historiador: Rio de Janeiro – Turíngia (1852-1853). *Revista Brasileira de História*. v. 23, n. 45. São Paulo. jul. 2003. Disponível em: <http://mod.lk/i7tnq>. Acesso em: 16 maio 2018.

a) Quais são as notícias que o imigrante dá aos amigos dele?

_____
_____
_____
_____

b) Essa carta foi publicada em 1852 em um jornal alemão. Você acredita que ela pode ter sido usada como propaganda para incentivar a emigração? Por quê?

_____
_____
_____

O mundo que queremos

O número de migrantes e, especialmente, de refugiados no mundo atualmente é o maior de que se tem registro na história: mais de 65 milhões de pessoas foram forçadas a deixar seus lugares de origem. Elas enfrentam grandes desafios para preservar e reconstruir suas vidas.

Dignidade para migrantes e refugiados

A migração é um fenômeno mundial provocado por muitas forças, entre elas, aspirações por dignidade, segurança e paz, disse a diretora-geral da Organização das Nações Unidas para a Educação, a Ciência e a Cultura (UNESCO), Audrey Azoulay, na ocasião do Dia Internacional dos Migrantes [...].

"Milhões de mulheres e homens estão deixando seus lares à procura de trabalho e educação. Milhões de pessoas estão se deslocando porque não tiveram escolha, estão fugindo da guerra e da perseguição ou estão tentando escapar do círculo vicioso da pobreza, da insegurança alimentar e da degradação do meio ambiente", disse ela [...].

> **Refugiado:** pessoa que é forçada a deixar o país de origem por ser perseguida ou ameaçada em conflitos religiosos, sociais, políticos etc.
>
> **Aspiração:** desejo, sonho.

[...] Cerca de 50 milhões de crianças em todo o mundo estão em movimento. Parte dessa migração é positiva, com as crianças e suas famílias se movendo de forma voluntária e segura. No entanto, a experiência de migração para milhões de crianças não é nem voluntária nem segura, mas repleta de riscos e perigos [...].

[...] Muitos governos [...] em todo o mundo já escolheram tomar medidas positivas para proteger e cuidar de crianças migrantes.

Sírios refugiados em aula de português. Município de Guarulhos, estado de São Paulo, 2014.

Unesco: migração é provocada por desejo de dignidade, segurança e paz. *Nações Unidas no Brasil*. 18 dez. 2017. Disponível em: <http://mod.lk/dfsht>. Acesso em: 16 maio 2018.

1 De acordo com o texto, quais são as principais razões das migrações?

_____
_____
_____
_____
_____

2 Qual seria a diferença entre a migração voluntária e a não voluntária? Explique.

_____
_____
_____
_____
_____
_____

3 No local em que você vive existem comunidades de migrantes e/ou refugiados que chegaram há pouco tempo no país? Se preciso, faça uma pesquisa e converse com colegas, professores e familiares. Depois, escreva que comunidades são essas.

_____
_____
_____
_____

4 Se uma criança migrante e/ou refugiada entrasse na sua turma, como você e seus colegas poderiam ajudá-la a se adaptar à nova realidade? Converse com os colegas e registre a resposta.

_____
_____
_____
_____
_____

CAPÍTULO 3 — Migrações internas no Brasil

Muitas pessoas saem de seus lugares de origem em busca de melhores empregos e melhores condições de vida (mais facilidade de acesso à alimentação, moradia, saúde e educação). Há também aquelas que migram pelas condições adversas da natureza, como secas e desastres naturais.

No Brasil, entre as décadas de 1930 e 1970, muitas pessoas deixaram sua terra natal e migraram para outras regiões do país. Os períodos prolongados de seca no Nordeste, a dificuldade de cultivar a terra, o desemprego e situações de muita escassez de alimentos levaram várias famílias a migrar em busca de melhores condições de sobrevivência. Especialmente entre os anos de 1950 e 1970, esse fluxo migratório ocorreu em direção à região Sudeste, que passava por um grande processo de industrialização, oferecendo oportunidades de trabalho em construções, indústrias, comércio e outros setores.

Os retirantes, de Candido Portinari, óleo sobre tela, 190 × 180 cm, 1944. A obra representa a miséria que levou muitas famílias nordestinas a migrar.

Audiovisual
A construção de Brasília

Construção de Brasília e fluxos de migração

Na década de 1950, decidiu-se construir uma nova capital para o Brasil: a cidade de Brasília. A construção da cidade na região Centro-Oeste do país gerou uma grande onda de migração interna. Milhares de pessoas vindas de Minas Gerais, Goiás e Bahia, estados próximos à nova capital que se construía, migraram para trabalhar nas obras, que duraram cerca de 3 anos. Muitas pessoas que chegaram a Brasília procuravam por condições dignas de vida e se estabeleceram em cidades localizadas no entorno da nova capital.

Trabalhadores nas obras de construção da nova capital. Brasília, Distrito Federal, 1959.

1 Observe a fotografia e leia a legenda. Que situação histórica é retratada?

Desembarque de migrantes brasileiros no interior do estado de São Paulo, 1940.

_____

_____

_____

2 A tabela a seguir registra a população não natural, ou seja, que não nasceu no município em que reside, de alguns estados brasileiros no ano de 2011. Observe-a e responda às questões.

População não natural do município de residência (2011)			
Estado (UF)	Porcentagem (%)	Estado (UF)	Porcentagem (%)
Alagoas	30,52	Piauí	26,88
Amazonas	28,62	Rio de Janeiro	29,46
Ceará	30,77	Rondônia	60,95
Goiás	53,82	Roraima	58,74
Mato Grosso	61,89	Tocantins	56,35

Fonte: IBGE. Séries históricas e estatísticas. População não natural do município de residência. Disponível em: <http://mod.lk/dogtb>. Acesso em: 16 maio 2018.

a) Quais desses estados têm maior porcentagem de habitantes que são migrantes? Quais têm porcentagem menor?

b) A partir dos dados da tabela, indique quais estados de quais regiões do Brasil receberam mais habitantes novos. Por que isso teria ocorrido?

Identidade cultural dos migrantes

A cultura do povo brasileiro não é homogênea. Diferentes regiões, cidades e comunidades têm costumes e tradições próprias. Nos processos de migração, as pessoas se adaptam a novos costumes, mas também promovem trocas, encontros e transformações, buscando manter a sua identidade cultural. Essas transformações podem ser observadas em muitos bairros, espaços sociais, nos costumes e nas festas.

A festa Entoada Nordestina resgata as tradições do Nordeste brasileiro, incluindo apresentações musicais. Município de São Caetano do Sul, estado de São Paulo, 2017.

Na região das cidades de Santo André, São Bernardo do Campo, São Caetano do Sul e Diadema, na área metropolitana de São Paulo, mais de 20% da população é composta de migrantes da região Nordeste, que se mudaram entre os anos de 1930 e 1960, em busca de trabalho nas indústrias locais. Por isso, em muitos bairros existem comércios e feiras que vendem produtos típicos dos lugares de origem dos migrantes.

Centro de Tradições Gaúchas Ronda Crioula, município de São Sepé, estado do Rio Grande do Sul, 2017. A entidade, tradicional da cultura gaúcha, foi fundada em 1999 no estado de Rondônia e existe também em várias cidades da região Sul.

Na cidade de Porto Velho, em Rondônia, o Centro de Tradições Gaúchas Ronda Crioula (CTG) é formado por migrantes que deixaram o Rio Grande do Sul em busca de trabalho. O CTG promove eventos, como o Festival de Arte e Tradição Gaúcha da Amazônia, com músicas, danças e comidas tradicionais do Rio Grande do Sul. Além de ser espaço de convívio para os migrantes, também é importante para os habitantes locais conhecerem as tradições de outras regiões do país.

Área metropolitana: região em que diversos municípios se agrupam em torno de um.

3. Explique por que há muitos migrantes e descendentes de migrantes na região metropolitana de São Paulo.

_____
_____
_____

4. Observe a imagem abaixo, leia a legenda e responda às questões.

Centro de Tradições Nordestinas, no município de São Paulo, estado de São Paulo, 2015. O local, fundado em 1991, é um espaço de encontro dos migrantes da região Nordeste e de divulgação da cultura dessa região.

a) Que espaço é retratado na fotografia? Qual é a função dele?

_____
_____
_____
_____

b) Esse tipo de espaço é importante para a cultura das populações migrantes? Por quê?

_____
_____
_____
_____

Como as pessoas faziam para...

Migrar dentro do Brasil

Para entender a dificuldade de outra pessoa é preciso tentar imaginar como é a vida do outro, quais são suas dificuldades e anseios. O sentimento de **empatia** permite conhecer e respeitar a realidade que outras pessoas vivem ou viveram.

Em muitas regiões do Nordeste, a população sempre sofreu com a falta de investimentos do governo para resolver o problema da seca e da miséria. Com a falta de água, as terras se tornam improdutivas, resultando na escassez de alimentos e de trabalho. Por isso, desde os anos 1930, muitas pessoas deixaram suas casas para migrar com suas famílias. Muitos trajetos eram longos e arriscados, realizados em transportes superlotados.

Na década de 1930, as viagens eram feitas de trem que partiam superlotados com dezenas de passageiros em pé, sem terem assento, pois eram vendidas mais passagens do que a lotação máxima. A viagem durava muitos dias e a composição parava em várias cidades, recebendo novos passageiros.

IVAN COUTINHO

Muitas famílias viajavam a pé de sua cidade natal até as cidades de onde saía o trem ou o pau de arara. Era comum viajar com algum animal de carga, como o jegue, que transportava as crianças e os poucos pertences que carregavam. Em algum momento da viagem, vendiam o animal para conseguir algum dinheiro e seguir o trajeto.

Durante essa parte da viagem, os migrantes montavam pequenos acampamentos próximos aos acostamentos das estradas para passar a noite, ou dormiam em redes amarradas em árvores. Como o percurso era longo e às vezes incerto, a maioria das pessoas migrava apenas com algumas trocas de roupa e pequenos objetos pessoais.

A partir da década de 1950, com a construção de novas rodovias, o meio de transporte mais utilizado se tornou o pau de arara. Como a passagem de ônibus não era barata, milhares de migrantes viajaram em caminhões de carga precariamente improvisados para transportar passageiros.

Na carroceria eram colocados bancos de madeira e uma cobertura de lona. O pau de arara transportava de setenta a cem passageiros, entre adultos e crianças. As viagens eram muito desconfortáveis, podiam durar até três semanas e acidentes aconteciam com frequência.

Para comer, os migrantes levavam carne-seca, farinha e rapadura, alimentos fáceis de transportar e que não estragavam com facilidade. Muitas vezes o alimento acabava e não tinham dinheiro para comprar comida no caminho.

CARNE SECA

RAPADURA

FARINHA

Ao chegar à cidade de destino, os migrantes precisavam procurar por emprego, moradia e se adaptar aos costumes locais. Além disso, muitas vezes, eram discriminados pelos moradores locais.

1 Explique como era a viagem dos migrantes brasileiros no passado.

2 Os meios de transporte utilizados mudaram ao longo do tempo? Por quê?

CAPÍTULO 4 — Um pouco da cultura brasileira

Os diferentes ciclos migratórios que ocorreram no Brasil influenciaram muitos costumes da população. Em cada região do país, há uma grande diversidade cultural que pode ser observada em danças, festas populares, artesanato, comidas e, até mesmo, em expressões verbais.

O processo de migração interna contribui para a diversidade cultural brasileira porque aproxima pessoas com origens e histórias muito diferentes.

No cotidiano das grandes cidades, convivem pessoas vindas de diversas regiões do Brasil. E, dessa maneira, tradições e costumes circulam por todo o país.

O maracatu é um tipo de dança e música popular, presente especialmente no estado de Pernambuco. Inspirados em tradições africanas, os músicos dos blocos usam chocalhos e tambores. Município de Aliança, estado de Pernambuco, 2015.

Comunicação e cultura

Atualmente, livros, filmes, obras de arte e meios de comunicação, como rádio, jornais impressos e digitais, programas de televisão e internet, nos permitem acessar e conhecer com mais facilidade a diversidade cultural, tanto a brasileira quanto a de outros países. O contato com diferentes hábitos, costumes e formas de se expressar possibilita romper com muitos preconceitos.

Entretanto, algumas formas de circulação da informação também podem favorecer a valorização de uma dada cultura em relação a outras, gerando processos de exclusão de alguns grupos sociais.

Hora da leitura
- *Cultura da terra*, de Ricardo Azevedo, Moderna.

Atualmente, aplicativos e redes sociais virtuais permitem conhecer diferentes culturas de lugares distantes. Como nem todas as pessoas têm acesso aos meios digitais, é possível também aprender sobre a diversidade por meio do convívio. Por isso, é importante manter diversas formas de conhecer outros costumes, pessoas e histórias, como os centros culturais e os espaços de convivência.

Festival de capoeira no Centro Cultural Ação da Cidadania. Município do Rio de Janeiro, estado do Rio de Janeiro, 2015.

1 De que maneiras podemos conhecer a diversidade cultural do Brasil?

_____
_____
_____
_____

2 Reúna-se com dois ou três colegas para produzir um álbum sobre a riqueza cultural de um estado ou região do Brasil. Para isso, façam uma pesquisa (em livros, jornais, revistas ou internet) de acordo com as indicações a seguir.

- Escolham um estado ou região do Brasil do qual gostariam de saber mais sobre os costumes populares.

- Pesquisem quais são as tradições culturais do local escolhido. Selecionem músicas, danças, influências no idioma, alimentos típicos, festas ou histórias populares.

- Reúnam imagens, textos e outros materiais sobre o lugar e produzam um álbum sobre esses costumes.

- Cada página do álbum deve conter pelo menos uma imagem e pequenos textos, como legenda ou explicações complementares sobre o que está representado na imagem.

- Depois, indiquem o que há em comum entre os costumes do local que vocês pesquisaram e o local em que vocês vivem.

Identidade nacional e comunicação

Os meios de comunicação são importantes formas de transmissão cultural. Há mais de 80 anos, por volta de 1930, o **rádio** se tornou um meio de comunicação muito popular no Brasil. A primeira emissora de rádio foi fundada em 1923, no Rio de Janeiro, um ano após essa tecnologia chegar ao país. Os programas transmitiam notícias, jogos de futebol, festivais de música, propagandas e radionovelas. Para as pessoas que haviam migrado, o rádio era também uma forma de entrar em contato com notícias, músicas e outros aspectos da vida do local de onde tinham partido.

> **Emissora:** empresa que produz e transmite os programas de rádio e televisão.

A era do rádio

O rádio também foi usado como um meio de difundir a ideia de que o Brasil tinha uma única identidade cultural. Foram eleitos aspectos da cultura popular comuns a muitos brasileiros, como o samba, a capoeira e o futebol, para criar um sentimento de pertencimento à identidade nacional. Algumas emissoras de rádio tinham programações inteiras apenas com canções brasileiras.

O rádio também foi muito utilizado na propaganda política. Em 1938, foi criado o programa *Hora do Brasil*. Ele era transmitido por todas as emissoras, diariamente, durante uma hora, com o objetivo de fazer propaganda das políticas públicas do governo do então presidente Getúlio Vargas. Sua programação começava com a ópera *O Guarani,* de Carlos Gomes, que fazia referência à cultura indígena, uma composição muito utilizada naquele período.

> **Audiovisual**
> *O rádio na era Vargas*

Seleção brasileira (à direita) em jogo contra a equipe da Polônia na Copa do Mundo de 1938, na França. As partidas de futebol eram transmitidas pelo rádio e acompanhadas por milhares de torcedores, por isso o esporte foi divulgado como um símbolo da cultura nacional.

A cantora Carmen Miranda e as canções que interpretou na década de 1940 representavam as ideias do período sobre a unidade da cultura brasileira.

3 Por que o rádio foi (e ainda é) considerado um importante meio de transmissão cultural?

_____

_____

_____

4 Leia as afirmativas a seguir e assinale **V** para verdadeiro e **F** para falso.

☐ As emissoras de rádio transmitiam festivais de música e radionovelas.

☐ A partir da década de 1930, o samba, a capoeira e o futebol foram utilizados como símbolos culturais do país.

☐ A primeira emissora de rádio do Brasil foi fundada em 1950.

☐ O programa *Hora do Brasil* tinha o objetivo de divulgar as políticas públicas do governo.

5 Leia o texto a seguir e responda à questão.

Rádio e identidade nacional

Desde 1931, [...] o governo já vinha implantando uma política de controle da informação transmitida pelo rádio e pela imprensa. [...] em 1938, inaugurou-se o programa "Hora do Brasil" [...].

Além de informar detalhadamente sobre os atos do presidente da República e as realizações do Estado, "Hora do Brasil" incluía uma programação cultural [...]. A música brasileira era privilegiada [....]. Comentários sobre a arte popular, em suas mais variadas expressões regionais, e descrições dos pontos turísticos do país também eram incluídos na programação.

CPDOC/FGV. Hora do Brasil. *Educação, cultura e propaganda*. Disponível em: <http://mod.lk/n0gnf>. Acesso em: 16 maio 2018.

Getúlio Vargas (presidente do Brasil entre 1930-1945 e 1951--1954) durante pronunciamento na Rádio Nacional, nos anos 1940.

- Para que foram utilizados os programas de rádio durante o governo de Getúlio Vargas?

O impacto da comunicação

A partir de 1950, a **televisão** começou a se popularizar no Brasil. Naquele ano, existiam apenas 100 aparelhos em funcionamento. Hoje, 96% dos brasileiros têm aparelhos de TV em casa, nos quais assistem a notícias, programas culturais, esportivos e propagandas.

Até 1990, ter uma linha de **telefone** fixo era caro e poucas pessoas podiam comprá-la. No final dos anos 1990 e começo dos anos 2000, o uso de celulares se tornou comum e, atualmente, a maioria das pessoas possui um aparelho e pode se comunicar com facilidade.

Hoje, por meio da **internet**, é possível conversar com pessoas que estão em lugares distantes, conhecer diferentes culturas e ter acesso a conhecimentos de outras partes do mundo de modo muito rápido.

Estabelecimentos comerciais adquiriram aparelhos de televisão para atrair o público. Município de São Paulo, estado de São Paulo, década de 1950.

Contudo, muitas pessoas não têm acesso à internet e computadores ou não foram ensinadas a usá-los. A falta de contato com essa tecnologia de comunicação se chama **exclusão digital** e gera desigualdade social, econômica e cultural.

Você sabia?

O primeiro computador digital foi o ENIAC, produzido em 1945 pela Universidade de Pensilvânia, nos Estados Unidos. Ele pesava 30 toneladas e ocupava uma área de 93 m². Os modelos de computadores portáteis, os *notebooks*, surgiram apenas nos anos 1980.

Programadoras operando o ENIAC, primeiro computador eletrônico. Estados Unidos, 1945.

6 Qual é a importância das inovações nos meios de comunicação?

_____
_____
_____

7 Leia o texto a seguir e responda às questões.

> Em 2013, 50,6% de toda a população brasileira não acessou a internet. Entre os estudantes, 25,1% não puderam contar com a internet para fazer pesquisas e estudar.
>
> Em 2015 esses números mudaram: caiu para 42% a quantidade de pessoas (no total geral da população) que não acessaram a internet naquele ano. Entre os estudantes também houve melhora no acesso: apenas 20,2% dos alunos acima dos 10 anos de idade não conseguiram contar com a internet como instrumento de consulta.
>
> Fonte: IBGE. *Pesquisa Nacional por Amostra de Domicílios*. Disponível em: <http://mod.lk/dhbff>. Acesso em: 17 maio 2018.

a) De acordo com o texto, o acesso dos estudantes brasileiros à internet aumentou ou diminuiu entre 2013 e 2015?

_____
_____
_____

b) E para o total da população brasileira o acesso à internet aumentou ou diminuiu?

_____
_____

c) Quais podem ser os principais motivos para a falta de acesso à internet? O que pode ser feito para modificar esse cenário?

_____
_____
_____
_____

O que você aprendeu

- Povos de diversas origens compõem a população do Brasil e contribuíram para a diversidade cultural: populações indígenas originárias, portugueses, africanos e imigrantes de diversas partes do mundo.

- Os imigrantes são levados a deixar os seus locais de origem por inúmeras razões, como crises econômicas, políticas, conflitos sociais e questões ambientais.

- A partir dos anos 1930, ocorreu no Brasil um processo de intensas migrações internas: procurando melhores condições de vida, muitas pessoas se mudaram para outras regiões.

- As inovações tecnológicas dos meios de comunicação facilitaram a divulgação de informação e cultura. A exclusão digital, contudo, provoca desigualdades econômicas, sociais e culturais.

1 Leia as afirmativas e assinale **V** para verdadeiro e **F** para falso.

☐ Os imigrantes que vieram para o Brasil a partir de 1870 eram de apenas uma nacionalidade.

☐ O grande fluxo migratório da Europa para o Brasil foi incentivado por proprietários de terras e pelo governo brasileiro daquela época.

☐ As propagandas que incentivavam a imigração não tiveram influência sobre os imigrantes que vieram ao Brasil.

☐ O café era o principal produto de exportação do Brasil nos anos 1800.

☐ Grande parte dos imigrantes foi trabalhar nas lavouras de café no Sudeste.

2 Quais eram as condições de vida e de trabalho dos imigrantes que chegaram ao Brasil nos anos 1800 para trabalhar nas lavouras de café?

_____
_____
_____
_____
_____

3 Complete as frases com as informações destacadas abaixo.

| conflitos e escassez de alimentos | fim do regime escravista |

| regiões produtoras de café | imigrantes de origem europeia |

a) Os imigrantes que chegaram ao Brasil no final dos anos 1800 se estabeleceram principalmente nas _____.

b) A partir do final dos anos 1800, a propaganda e o incentivo à imigração para o Brasil se direcionavam aos _____.

c) Os imigrantes procuravam melhores condições de vida em consequência de _____ nos países de origem.

d) A pressão internacional e a resistência das pessoas escravizadas contribuíram para o _____ no Brasil.

4 Observe a imagem, leia a legenda e responda à questão.

Mulheres bolivianas na Marcha do Imigrante no município de São Paulo, estado de São Paulo, 2017. A marcha defende os direitos dos imigrantes e destaca a importância deles no desenvolvimento da sociedade brasileira.

- Qual é a importância da Marcha do Imigrante para as pessoas de outas nacionalidades que vivem no Brasil?

_____
_____
_____
_____

5 Observe as fotografias e responda à questão.

Tanabata Matsuri, o Festival das Estrelas, é uma festa de tradição japonesa. Município de São Paulo, estado de São Paulo, 2017.

Apresentação do Grupo Folclórico Ucraniano Spomen, no município de Antonina, estado do Paraná, 2017.

- O que as imagens têm em comum? Qual é a relação entre a imigração e o que é retratado nas imagens?

_____
_____
_____
_____
_____

6 Assinale a alternativa correta.

a) ☐ Entre os anos 1930 e 1970, houve um grande fluxo migratório de brasileiros se deslocando das cidades para o campo.

b) ☐ Ao chegar ao Brasil, os imigrantes deixaram de praticar as tradições de seus países de origem.

c) ☐ Novas formas de comunicação digital substituíram os centros de tradições e cultura de migrantes.

d) ☐ A busca por melhores condições de vida e o desenvolvimento industrial em alguns lugares do Brasil foram as principais motivações das migrações internas.

7 A tabela a seguir apresenta o percentual de casas que possuíam alguns meios de comunicação entre 2003 e 2015. Observe-a e responda às questões.

Bens em domicílios (2003-2015)			
Meios de comunicação	2003	2008	2015
Rádio	87,81	88,89	69,23
Televisor	90,02	95,04	97,14
Telefone (fixo)	11,19	37,53	58,02

Fonte: IBGE. *Pesquisa Nacional por Amostra de Domicílios*. Séries Históricas. Disponível em: <http://mod.lk/iyb6d>. Acesso em: 17 maio 2018.

a) Quais meios de comunicação se tornaram mais comuns no Brasil entre 2003 e 2008?

b) Entre os anos de 2008 e 2015, quais mudanças ocorreram? Por quê?

8 Em 2015, de acordo com dados do IBGE, apenas 57,8% das casas do Brasil tinham acesso à internet. O equipamento mais utilizado para o acesso à rede era o celular (92,1%), seguido do computador (70,1%) e do *tablet* (21,1%).

- E hoje, quais são os os equipamentos mais utilizados? O acesso à internet aumentou? Faça uma pesquisa e converse com os colegas sobre os impactos da exclusão digital na vida dos estudantes brasileiros. Registrem no caderno o que pesquisaram e depois elaborem uma apresentação indicando que medidas poderiam ser tomadas para superar esse problema.

Atividade divertida

Observe as ilustrações e circule os meios de comunicação mais recentes.

Atividade interativa
Ordene os meios de comunicação

Quando os telefones celulares começaram a ser usados no Brasil, na década de 1990, dispunham apenas de recursos para falar. Com o tempo, passaram a receber e enviar mensagens, filmar, fotografar, acessar a internet, entre várias outras funções.

Cartas, notícias e encomendas eram enviadas pelos tropeiros (comerciantes de gado), que andavam a cavalo pelo interior do Brasil nos anos 1600.

Em 1798, foi criada a Administração do Correio no Rio de Janeiro para facilitar a distribuição das cartas que chegavam de Portugal.

ILUSTRAÇÕES: SOUD

A comunicação entre Brasil e Portugal nos anos 1500 era feita por meio de cartas, que demoravam quase dois meses para chegar.

Em 1852, houve grande avanço para as comunicações: as pessoas do Rio de Janeiro, de Petrópolis e de São Paulo começaram a se comunicar por telégrafo (aparelho que utiliza sinais elétricos para transmitir mensagens por meio de pontos e traços).

O telefone chegou ao Brasil em 1877, logo após sua invenção. Mas as cartas ainda eram o meio de comunicação mais usado porque havia poucos aparelhos de telefone.